울릉도
1974

울릉도
1974
긴급조치 시대가 만들어낸 울릉도간첩단사건 이야기

2012년 12월 10일 초판 1쇄 펴냄
2014년 4월 15일 초판 2쇄 펴냄

지은이 최창남

펴낸이 정종주
편집 여임동 제갈은영
마케팅 김창덕

펴낸곳 도서출판 뿌리와이파리
등록번호 제10-2201호(2001년 8월 21일)
주소 서울시 마포구 서교동 451-48 2층
전화 02)324-2142~3
전송 02)324-2150
전자우편 puripari@hanmail.net

디자인 씨디자인
출력 경운프린테크
종이 화인페이퍼
인쇄 · 제본 영신사
라미네이팅 금성산업

값 15,000원

ISBN 978-89-6462-024-3 (03300)

이 도서의 국립중앙도서관 출판시도서목록(CIP)는 e-CIP 홈페이지(http://www.nl.go.kr/ecip)에서
이용하실 수 있습니다(CIP 제어번호: CIP2012005512).

울릉도 1974

긴급조치 시대가 만들어낸
울릉도간첩단사건 이야기

최창남 지음

뿌리와
이파리

우리가
알려고도 하지 않고
받아들이려고도 하지 않는
모든 낯선 진실들에게
이 책을 바친다.

추천사

울릉도 사건, 그 마지막 이야기

함세웅/ 신부

> 저 사람들은 큰 환난을 겪어낸 사람들입니다.
> 그들은 어린양이 흘리신 피에 자기들의 두루마기를 빨아 희게 만들었습니다.
>
> - 요한묵시록 7장 14절

피로 물든 이야기, 이것이 바로 인류 역사이며 그 피를 통해 우리 인간과 역사는 정화되고 있습니다. 이것이 바로 종교의 구원론이기도 합니다.

로마 황제 네로(54~68년 재위)와 도미티아누스(81~96년 재위)는 초기 교회 그리스도인들을 잔인하게 박해했던 폭군들입니다. 네로는 한밤중에 로마 시에 불을 지르고 난 후, 그 방화 주범이 바로 그리스도인이라고 사건을 조작하여 그리스도인들을 무참히 살해했습니다. 바로 이 시기에 베드로와 바오로 두 사도도 순교했습니다. 이에 후대 교부들은 로마교회 공동체가 바로 순교자들의 피 위에 세워진 모임이라고 고백했습니다.

그런데 네로보다 더욱 잔혹한 인물이 도미티아누스입니다. 이 사람은 스스로 신이라고 자처하며 자신의 신상을 세워 그 앞에 모두 엎드려 절하라고 명했습니다. 그리고 이 명을 어기는 사람들은 모두 사형에 처했습니다. 사람들은 마지못해 이 명에 따랐고, 그리스도인들까지도 살기 위해서는 어쩔 수 없이 신앙을 유보한 채 그 상 앞에 무릎을 꿇기도 했습니다. 물론 굳센 신앙인들은 순교의 길을 택하기도 했습니다. 어쨌든 그리스도교회의 큰 위기였습니다.

바로 이때 파트모스 섬에 갇혀 있던 장로 요한이 포악한 박해를 극복하기 위해 하느님의 영감을 받아 묵시록을 저술했습니다. 묵시록은 희망의 책입니다. 묵시록은 잔인한 폭력 앞에서 저항한 그리스도인의 이야기입니다. 묵시록은 포악한 정권을 이겨낸 민중의 이야기입니다. 묵시록은 모든 고통을 이겨내고 '새하늘, 새땅'을 이룩해야 할 신앙인의 지침서입니다. 묵시록은 믿음과 희망, 사랑에 기초한 하느님의 이야기, 그리고 동시에 불의에 맞서 싸운 인간의 처절한 저항의 기록이기도 합니다. 우리는 오늘날, 묵시록을 로마제국의 잔인성을 고발한 인권보고서라고 해석하기도 합니다. 사실 묵시록은 가슴 아픈 구체적 현실, 억울한 고통과 죽음을 잔잔하게 얘기하고 있지만, 동시에 불의의 주범인 로마제국은 꼭 멸망하리라는 확신을 토로하고 있습니다.

저는 울릉도 사건의 기록을 읽으면서 바로 이 책이 묵시록의 속편이라고 생각했습니다. 온갖 고난과 고통, 죽음을 넘어서서 아름다운 미래와 꿈을 간직하고 살아온 이분들과 가족들의 삶 속에서 저는 바로 초인적 힘을 확인했기 때문입니다.

제가 신학교에서 스승에게 배운 교훈이 생각납니다. 만일 하늘나라에 간다면 이 세상에서 우리가 공경하고 드높였던 많은 성인 성녀와 위대한 분들, 이분들보다 훨씬 뛰어난 숨은 성인들이 더 많이 계시다는 것입니다. 상상이 잘 되지는 않았지만, 그 스승은 하늘나라는 이와 같이 우리의 모든 생각과 상상을 뛰어넘는 초월적 세계임을 강조하고 암시했습니다. 우리가 역사에서 성인과 위인이라고 칭송하는 많은 분들은 이미 그 대가를 이 세상에서 다 받은 셈입니다. 그런데 하늘나라에 가면 우리가 전혀 상상할 수 없었던 뜻밖의 위인과 성인들을 만나리라는 것입니다. 이들이 바로 익명의 위인, 익명의 성인들입니다.

우리는 6월 6일 현충일에 많은 애국선열들과 익명의 희생자들을 기립니다. 실제로 나라와 공동체를 위해 목숨 바친 이들 중, 어떤 이들은 이미 큰 훈장과 상패를 받았습니다. 그러나 나라와 공동체를 위해서 더 희생하고 공헌한 분들은 어떤 의미에서 바로 이 익명의 희생자들입니다.

저는 성서와 역사에서 바로 이 익명의 인물들에 대해 늘 관심 있게 생각하고 있습니다. 사실 역사의 과정 속에서 우리는 많은 의인과 순교자들 그리고 위대한 선열들을 만나고 있습니다. 그러나 성서는 오히려 알려지지 않은, 또는 숨겨진 분들의 헌신과 희생을 기억하도록 가르치고 있습니다. 자연의 원리도 한가지입니다. 삼라만상 온 우주는 미소한 생명체의 신비로 가득 차 있기 때문입니다.

저는 울릉도 사건을 통해 이 익명의 위대성을 새롭게 생각하고 묵상합니다. 1974년 살벌했던 유신독재 시절 많은 분들이 온몸으로 저항하며 민주주의를 위하여 최선을 다했습니다. 민청학련사건과 인혁당사건의 주역들이 바로 그들입니다. 이들이 바로 유신을 타파하고 오늘의 민주주의의 물줄기를 바로잡은 분들입니다. 그런데 이들은 숱한 고문과 고통에 대해, 나름대로 그 의로움과 행업을 역사적 과정에서 인정받고 평가받았습니다.

그런데 바로 그 같은 해에, 울릉도 사건의 40여 명은 신문과 언론에 보도되기는 하였지만 그 누구도 관심을 갖지 않는 상황에서 외롭게 10년, 20년 감옥살이를 하고 또 세 분은 사형까지 당하기도 하였습니다. 사실 우리는 이분들의 고통과 죽음에 대해 알지도 못했고, 관심도 가지지 않았습니다. 저는 이분들의 사건 속에서 익명의 위대성을 새삼 깊이 생각하게 되었습니다.

그런데 40여 년이 지난 올해 인권의학연구소 관계자들이 이 문제에 대해 관심을 갖고 울릉도 사건 당사자들과 그 가족들을 찾아

만나면서 이분들의 아픔에 동참하기 시작하였습니다. 저도 이분들을 만나면서 역사적인 큰 부채감을 느꼈습니다. 숱한 간첩단 조작 사건에 대해 꽤나 알고는 있었지만 제가 살았던 바로 그 시절에 있었던 이 울릉도 사건에 대해서 전혀 관심을 갖지 않고 알지도 못했다는 점에 대해 매우 부끄러웠습니다.

인권의학연구소는 이분들과 가족들을 만나면서 그 실체적 진실을 늦게나마 잘 파악하고, 그 후 이분들을 위한 치유 프로그램을 진행하였습니다. 이 과정에서 최창남 목사님은 이분들의 아픔과 고통의 여정을 따라 삶과 희망, 그 초인적 가치를 확인하고 그 내용을 이렇게 책으로 묶어 출간하게 되었습니다. 이 책은 바로 우리 시대의 가장 약하고 억울한 형제자매들에 대한 보고서입니다. 이 책은 바로 고아와 과부를 돌보라는 성경의 핵심 사상에 대한 신앙인의 응답이기도 합니다. 이 책은 또한 동시대를 살고 있는 우리 모두에 대한 반성과 성찰로의 초대이기도 합니다.

울릉도 사건은 억울한 몇 사람의 이야기가 아니라 바로 분단의 아픔을 겪고 있는 우리 모두의 이야기, 그리고 우리 시대의 자화상이기도 합니다. 1945년 일본의 패망으로 우리나라가 해방이 되었지만, 사실은 미국과 소련에 의해 남과 북으로 갈라졌습니다. 우리는 아무것도 모른 채 미국과 소련의 전쟁 대리자가 되어 남과 북의 대립과 증오 속에서 살고 있습니다. 그런데 어처구니없게도 이 분단을 매개 삼아 사건을 조작하고 영구집권을 꿈꾸었던 불의한 무리들이 건재하고 있습니다. 울릉도 사건의 희생자와 그 밖의 모든 희생자들을 기억하며, 잘못된 과거가 청산되기를 바랍니다.

특히 1973년 11월 최종길 교수를 고문하고 죽인 중앙정보부와 차철권 부원이 바로 이 울릉도 사건의 조작 장본인이라는 사실에 저는 매우 놀랐고 슬픔과 연민의 아픔을 느꼈습니다. 왜냐하면 이들 고문 가해자들도 바로 불의한 독재정권의 한 소모품이었다는 사실 때문입니다. 고문 가해자들도 엄밀히 생각하면 불의한 독재체제의 한 부속품에 불과합니다.

이에 인권의학연구소는 국가폭력 고문 피해자들의 치유를 통해 이분들이 아름다운 삶과 행복을 되찾도록 노력하고 있습니다. 또한 고문 가해자들도 그 불의한 행업으로 인간성을 상실하고 그들이 한낱 독재체제의 부속품이었다는 사실을 깨닫고 그들도 불의한 과거의 죄에 대해 진심으로 뉘우치고 회개를 통해 참된 해방과 구원을 얻기를 바라며 기도합니다.

울릉도 사건은 바로 오늘을 살고 있는 우리 모두의 이야기 그리고 사랑하는 우리 가족, 너와 나의 이야기입니다. 억울한 형제자매들에 대한 사랑과 약자들에 대한 관심이 바로 구원의 핵심임을 되새기며 우리 모두 함께 아름다운 민족, 민주, 통일 공동체 실현을 위해 노력할 것을 다짐합니다. 감사합니다.

추천사

아주 작은 사과의 편지

한홍구/ 성공회대 교수

1974년 3월 15일, 중앙정보부장 신직수는 "지난 10여 년 동안 적발된 간첩단 사건 중 가장 큰 사건"을 적발했다면서, 기자들을 불러 모아 성대한 기자회견을 가졌다. 당시는 유신정권이 1973년 말부터 거세게 일어난 개헌청원운동을 막기 위해 1974년 1월 8일 긴급조치 1호와 2호를 선포한 직후였다. 개헌청원운동의 중심인 장준하, 백기완 등의 구속으로 상황이 마무리되기에는 유신에 대한 반대 움직임은 너무나 넓게 퍼져 있었다. 신학기를 맞으면서 대학가에서 유신철폐를 요구하는 시위가 거세게 일어날 것이 명약관화해지자, 유신정권은 정치적 위기 상황에서 늘 그랬던 것처럼 대형 간첩단 사건을 내놓았다. 때가 때이니만큼 중앙정보부는 늘 보아왔던 정도의 간첩단이 아니라 해방 후 최대 규모라던 통혁당사건을 능가하는, "지난 68년 적발된 통혁당사건보다 그 성격이나 규모에 있어서 크다고 본다"고 우길 만한 간첩단이 필요했다. 이름하여 울릉도간첩단. 그런데 여기에는 울릉도에 단 한 번도 가본 적이 없는 전라북도 출신 인사 여러 명이 포함되었다. 중앙정보부는 통혁당보다 더 큰 규모의 간첩단이라는 그 한 줄을 넣기 위해 이런 무리수를 자행한 것이다.

그 연결고리는 '재일간첩'이라고 발표된 이좌영 씨였다. 중앙정보부는 전북 출신으로 일본에 건너가 사업에 성공한 이좌영과, 울릉도 출신으로 이 사건으로 사형당한 김용득 씨가 교분이 있다는 것만으로 아무 관련이 없는 두 사건을 하나로 묶은 것이다. 조직 규모만 부풀린 것이 아니라, 사안의 기본 성격도, 개개인의 혐의사실도 엄청나게 부풀려졌다. 이성희 교수나 사형당한 분들이 북에 다녀온 것은 사실이었다. 이 사실은 당시 법률에 비추어 볼 때 단순한 잠입·탈출에 불과한 것인데, 중앙정보부는 정치적 위기 상황을 돌파하기 위해 사안의 성격을 완전히 바꿔 무려 47명을 간첩으로 엮어버렸다.

울릉도간첩단사건은 이른바 '보도간첩'의 전형을 보여준다. 보도간첩이란 그야말로 독재정권이 국면 돌파를 위해 보도용으로 날조한 간첩사건을 말한다. 1970년대나 80년대의 간첩사건을 보면, 신문과 방송에 보도되는 중앙정보부나 보안사의 발표 내용에는 어마어마한 혐의사실이 줄줄이 들어 있지만, 정작 중앙정보부나 보안사가 검찰에 송치한 수사기록이나 검찰이 법원에 제출한 기소장에는 그런 내용이 완전히 빠져 있는 경우가 허다했다. 군 장성의 포섭이나 정부 전복을 목표로 현역과 예비역 장교로 모임을 만들었다느니 하는 내용은 다 터무니없는 것이다.

어느 나라의 역사를 보더라도 정치적으로 조작된 억울한 사건이 없는 나라는 없다. 프랑스혁명의 나라 프랑스에서도 드레퓌스 사건 같은 기막힌 사건이 발생했다. 어느 나라나 불행한 조작사건이 없는 나라가 없다지만, 분단으로 얼룩진 한국의 현대사에서는 조작 간첩 사건이나 이른바 조작사건이 너무나 빈번하게 발생했다. 울릉도간첩단사건과 떼려야 뗄 수 없는 운명으로 연결된 사건이 인혁당사건이다. 중앙정보부 입장에서는 울릉도 사건으로 학생시위를 잠재울 수 없어 다시 인혁당사건을 조작했다. 박정희가 직접 나서 민청학련사건과 관련하여 긴급조치 4호를 발동한 것이 4월 3일이고, 중앙정보부장 신직수가 민청학련, 인혁당 관련 수사발표를 한 것은 4월 25일이었다. 1975년 4월 8일은 인혁당 관련자 8명의 사형이 확정된 날이다. 인혁당 관련자 가족들은 남편과 아버지가 잡혀간 1년 동안 면회 한 번 못했기 때문에, 사형 판결은 기가 막히지만, 그래도 형이 확정되었으니 다음날 면회는 할 수 있을 줄 알고 아침 일찍 서대문형무소로 갔다. 그러나 안에서는 이미 새벽부터 사형이 집행되고 있었다. 형 확정 18시간 만의 사형 집행! 그 만행을 우리는 사법살인이라 부른다.

인혁당사건은 사법살인으로 널리 알려져 있고, 박정희가 뒤에 인혁당사건 관련자들의 사형 집행을 후회하면서 눈물을 흘렸다는 박정희 측근들의 인터뷰도 회자되고 있다. 그러나 3명이 사형당한 울릉도간첩단사건은 완전히 잊혀져 있다. 1975년 4월 8일은 인혁당 관련자 8명만이 아니라 울릉도간첩단사건 관련자 3명도 사형 판결을 받은 날이다. 박정희가 정녕 인혁당 관련자 8명에 대한 사형 집행을 후회하였다면, 똑같이 억울하게 혐의가 조작되고 크게 부풀려져 사형 판결을 받은 울릉도간첩단사건 관련자 3명에 대한 사형 집행은 없었어야 한다. 그러나 박정희 정권은 1977년 12월 5일, 울릉도간첩단사건으로 사형 판결을 받은 전영관, 전영봉, 김용득 세 분에 대한 사형을 무참히 집행했다.

지금은 인혁당 관련자들이 억울하게 사형당했다는 것에 대해 일부 극히 완고한 수구세력을 제외하고는 폭넓은 공감대가 이루어져 있지만, 1970년대만 해도 박정희 정권이 워낙 세게 인혁당에 붉은 칠을 한 탓인지 민주화운동 진영 일각에조차 인혁당과 거리를 두려는 분위기가 분명 존재했다. 인혁당은 어딘가 좀 붉은 기가 도는 집단인 반면, 민청학련은 그야말로 '순수한' 학생운동이고 민주화운동이라는 것이다. 목요기도회 등에서 일부 깨어 있는 종교인들과 재야인사들이 인혁당 가족들과 함께하였지만, 사회 전체적으로 볼 때 인혁당에 대한 구명운동이 높은 지지와 관심을 받았다고는 할 수 없다. 인혁당 가족들은 늘 언론사를 찾아다니며 '우표딱지'만 하게라도 좋으니 인혁당의 억울한 사연을 전해달라고 하소연했지만, 그들의 호소는 늘 외면당했다. 1964년의 1차 인혁당사건으로 상당히 알려져 있었고 또 대구 지역에서 3선개헌반대운동 등을 이끈 민수협(민주수호국민협의회) 활동을 주도한 분들의 사정이 이럴진대, 외딴섬 울릉도에 기반을 둔 분들이 간첩으로 몰린 사연에는 아무도 귀를 기울이지 못하였던 것이다. 같은 날 사형 판결을 받은 인혁당사건 관련자들에 대한 집행은 '사법살인'으로 불리며 박정희 정권 최대의 국가폭력 사건으로 부각되었지만, 지금 울릉도간첩단사건이라는 것이 있었다는 사실은 기억하는 사람조차 많지 않다. 수많은 민간인 학살 희생자들의 죽음이 수십 년간 묻혀 있어야 했던 것처럼, 이분들의 죽음도 그냥 그렇게 묻혀 있어야 했다. 한국의 현대사는 죽음조차 죽여버린 참혹한 역사였던 것이다.

유신정권은 울릉도간첩단사건을 조작했음에도 학생시위를 잠재울 수 없었다는 점에서 정권 차원에서는 소기의 성과를 거두지 못했다고도 할 수 있다. 그렇지만 공안기관 차원이나 개별 수사관 차원에서는 영향력 강화와 출세를 위한 엄청난 기회를 제공했다. 특히 중앙정보부에서 울릉도간첩단사건의 주무 공작관이었던 치철권은 1973년 10월의 최종길 교수 고문살인 의혹사건으로 정보부 내에서 징계를 받았던 자인데, 이 사건으로 4개월 만에 사무관에서 서기관으로 특진했다. 특히 1972년 이후 여러 가지 사정 변화로 북측이 남쪽으로 직접 공작원을 파견하는 일이 크게 줄어들게 되었는데, 이는 이미 비대해질 대로 비대해진 공안기구로서는 할 일이 없어져 기구축소와 예산삭감의 위기에 직면한 것이고 개별수사관들 입장에서는 승진의 기회가 크게 줄어든 것을 의미했다. 1970년대 중반 이후의 간첩사건을 보면 북에서 직접 파견한 직파공작원이 관련된 사건은 크게 줄어들고, 납북어부, 재일동포, 월북자 가족 등을 잡아다가 공안당국이 만들어낸 조작사건이 크게 늘어나게 된다. 울릉도간첩단사건은 이런 조작간첩 사건이 늘어나는 바로 그 분기점에 서 있는 사건이라 할 수 있다.

울릉도간첩단사건과 관련하여 또 하나 빼놓을 수 없는 점은 울릉도와 전북 출신 인사들로 이루어진 이 사건에서 연결고리로 지목된 이좌영 선생에 관한 문제이다. 중앙정보부는 전북 출신으로 일본에서 성공한 사업가인 이좌영 선생을 한번 재일간첩으로 낙인찍은 뒤 다른 조작간첩 사건의 연결고리로 '재활용'했다. 1993년의 남매간첩단 사건, 1994년의 이화춘 조작간첩 사건에 '이좌영'이라는 이름은 다시 등장한다. 특히 이좌영 선생은 울릉도간첩단사건 당시 풍비박산이 난 집안의 일원이다. 사건 당시 이좌영 선생의 동생인 이사영 선생, 형인 이지영 선생도 각각 징역 15년과 징역 5년을 선고받았는데, 이화춘 선생은 바로 이지영 선생의 셋째 아들이다. 이렇듯이 중앙정보부-안기부는 한번 간첩을 만들어 놓고 다른 조작간첩 사건을 만들 때 두고두고 우려먹은 것이다.

정말 억울하게 묻혀 있던 이 사건이 최창남 목사의 노력으로 이제 비로소 대중들에게 알려질 기회를 얻게 되었다. 트라우마 치유 전문가인 '사람마음'의 최현정 선생, 인권의학연구소의 이화영 소장, 평화박물관의 오하린 사무처장 등이 벌인 트라우마 치유 프로그램에 처음부터 같이한 최창남 목사가 참여자 한 분 한 분을 따로 인터뷰하여 그분들을 주인공으로 하는 각각의 글을 모아 이 책을 펴내게 되었다. 그동안 국가보안법 문제나 국가폭력 사건 진상규명 문제가 일정한 성과를 거두었지만, 늘 부족했던 것은 그 모진 상처를 가진 피해자 자신이 이 사회의 구성원으로 바로서는 것을 돕는 작업이었다. 국가보안법과 국가폭력이 처절하게 짓밟고 파괴한 것은 하나의 우주와 맞먹는 가치를 지닌 한 사람 한 사람들이었다. 국가폭력과 관련된 과거사 진실규명 작업의 끝자락에 참여하면서 늘 미안하게 생각한 것은 우리 같은 '전문가' 소리를 듣는 사람조차 처음 듣는 이름 천지일 정도로 조작간첩 사건이 많지만, 정작 수많은 과거사위원회나 '전문가'들이 건드린 사건은 빙산의 일각에 불과하다는 점이다. 이 책은 사건 이후 한 번도 바깥 세상으로 나오지 못한, 우리가 이름도 모르는 그 수많은 피해자들께 드리는 아주 작은 사과의 편지일 것이다.

차례

추천사 __ 6
마중글 저동포구에 머물다 __ 20

3965 손두익 선생 이야기 __ 34
끝나지 않은 편지 이성희 선생 이야기 __ 62
햇살 어린 방 최규식 선생 이야기 __ 90
낯선 귀향 전국술 선생 이야기 __ 114
먼 길 전동희 선생 이야기 __ 136
눈물 김영권 선생 이야기 __ 162
타인의 삶 이사영 선생 이야기 __ 182
돌아갈 수 없는 땅 전서봉 선생 이야기 __ 204

사건 일지 __ 222
개인별 약력 __ 229

배웅글 낯선 진실 __ 236

마중글

저동 포구에 머물다

울릉도의 밤은 깊었다. 밤만 깊은 것이 아니었다. 바람도 깊었다. 바람 스칠 때마다 온몸 저린 듯 떨렸으며 쓸린 가슴은 휑하였다. 휑한 가슴 저 깊은 곳에서부터 알 수 없는 막막함이 밀려오고 있었다. 바람 불고 있었지만 가슴은 답답했다. 초저녁 저동 포구의 플라스틱 의자에 앉았던 많은 관광객들은 어느덧 돌아가고 없었다. 한두 자리에만 남아 그림자 드리우고 있을 뿐이었다. 밤 깃들며 저녁 포구의 시끌벅적함은 사라지고 적막함이 깃들었다. 백열전등 불빛 아래 술잔 기울이고 있는 몇 안 되는 사람들도 바랜 기억 속의 사람들처럼 침묵 속에 앉아 있었다. 낯선 시골 어느 식당 벽에 걸려 있는 흑백사진들처럼 묵묵하고 생경했다. 방파제 저 너머 고기잡이배에서는 불빛 반짝이고 방파제에 부딪친 파도는 아우성치며 부서지고 있었건만, 포구의 밤은 침묵 속에 잠겨 있었다. 침묵은 바다 안개 때문인지 점성을 지닌 듯 끈적거렸다. 포구에 안

개 깃들고 있었다. 가슴속에 남아 있는 사건에 대한 기억 때문일까. 끈적끈적한 침묵이 몸에 달라붙을 때마다 불편했다. 견디기 힘들었다. 분노가 치밀었다. 그 끈적거림에 모든 것이 달라붙어 소멸되어버릴 것 같아 두렵기도 했다. 제 모습, 제 성깔을 잃고 동화되어 사라져버릴 것 같아 두려웠다. 불빛 반짝이며 고기를 잡고 있는 배도, 어둠 속에서 희미하게 보이는 북저암도, 끊임없이 달려와 방파제에 제 몸 부수는 파도도, 포구의 조악한 의자에 앉아 술잔 기울이고 있는 낯선 사람들도, 포구 안 골목마다 들어선 식당들에서 제각기 품고 살아온 사연들을 털어내고 있는 사람들도, 이곳에서 태어나 살아가고 있는 이 땅의 사람들도, 처음 이 땅에 들어왔을 때 먹을 것이 없어 섬말나리의 뿌리를 캐어 먹었다는 나리분지의 사람들도, 이 섬의 중심에 자리하고 있는 성인봉도 모두 소멸되어 사라져버릴 것 같아 두려웠다. 이 땅에 몸 붙이고 살아왔던 전영관, 김용희, 전동희, 전국술, 전서봉, 손두익, 손명숙뿐 아니라 이 땅에는 발 한 번 디뎌본 적 없으나 이 땅의 사람이 된 이성희, 이사영, 김영권, 최규식의 삶도 잊히고 사라질 것 같아 두려웠다. 울릉도간첩단사건으로 연행된 47명과 그들의 가족들의 삶 또한 버려질 것 같아 두려웠다. 나도 우리 모두의 삶도 잊히고 사라질까 두려웠다.

포구는 더 깊은 침묵 속으로 빠져들고 있었다. 바다로부터 피어오른 안개는 상륙군처럼 빠르게 포구를 점령해 들어갔다. 어둠 두터워지고 침묵의 밤은 깊어지고 있었다. 초저녁까지만 해도 넘쳐나던 흥건함은 사라지고 사위는 고요했다. 두텁고 깊어진 어둠 속에서 바다는 출렁이고 나는 위태로웠다.

어둠 두텁고 깊었던 1974년 2월 초의 어느 날, 사람들이 연행되었다. 울릉도에서만 20여 명의 사람들이 체포되었고 전주, 부안, 익산뿐 아니라 서울, 대구, 부산 등의 여러 도시에서도 20여 명의 사람들이 체포되었다. 그들은 모두 중앙정보부가 있는 남산으로 끌려갔고, 짧게는 2, 3일에서 길게는 30일 동안 불법구금 상태에서 협박과 구타와 고문을 당하였다.

그들에게 구속이 집행된 것은, 끝없는 협박과 갈수록 심해지는 구타와, 사람이라면 도저히 견딜 수 없는 고문 등을 맨몸으로 다 받아낸 후였다. 수사관들이 원하는 것을 다 얻은 후에야 구속 집행이 이루어졌다. 왜 붙들려 가는지 아무런 내용도 모른 채 체포되어 온 사람들은 두려움 속에서도 자신을 지키기 위해 사실을 밝히고 진실을 말하길 원하였지만, 수사관들은 그들의 말을 들을 생각이 애초에 없었다. 붙들려 온 자들은 조사를 받을 준비가 되어 있었지만, 수사관들은 처음부터 조사 같은 것을 할 생각이 없었다. 수사관들의 목적은 오직 하나였다. 수사관들이 주장하듯 소위 국가를 위한 것이었든 아니면 자신의 출세를 위한 것이었든 어떠한 방법을 사용해서라도 간첩을 만들어내는 것이었다. 수사관들은 처음부터 묻고 대답하는 방식의 그런 구태의연한 조사를 할 생각이 전혀 없었다. 수사관들의 방식은 처음부터 협박과 구타와 고문이었다. 그들의 목적은 일관되게 단 한 가지였다. 그것은 사실을 말하고 진실을 드러내고자 하는, 붙들려 온 자들이 품고 있는 열망과 의욕을 꺾어버리는 것이었다. 사실을 무너뜨리고 진실을 사라지게 하는 것이었다. 저항하려는 마음이 조금이라도 남아 있지 않게 만드는 것이었다. 사람이라면 견딜 수 없는 이런 고통을 가족들이 겪게 될지도 모른다는 공포심에 사로잡히게 만드는 것이었다. '사실 여부와는 상관없이 그저 이곳에서 나갈 수만 있으면 좋겠다'고 생각하게 만드는 것이었다. '하라는 대로 하겠다'고 스스로 말하게 만드는 것이었다. 고문 외에 수사관들이 하는 오직 한 가지 일은 기다리는 것이었다. 협박과 구타와 고문을 가하며 붙들려 온 자의 몸과 마음이 꺾일 때까지 기다리는 것이었다. 이것이 수사관들 수사 방식의 처음이고 끝이었다. 그런 후 수사관들은 그들이 말해주고 적고 꾸며놓은 조서에 고문으로 온몸이 늘어진 자의 손가락을 붙들고 지장을 찍으면 되는 것이었다. 아주 간단했다. 사실이나 진실은 물을 필요도 없고 알 필요도 없었다. 그런 것은 거추장스럽기만 할 뿐 아무런 의미도 없는 것이었다.

그렇게 만들어진 사건은 1974년 3월 15일에 '울릉도간첩단사건'이라는 이름으로 발표되었다. 당시 중앙정보부의 발표의 대강은 이러했다.

학생, 지식인, 종교인, 노동자, 농민, 군 간부 등을 포섭하여 사회불안과 혼란을 조성하여 현 정부를 전복하고 적화통일을 기하라는 북괴의 지령을 받고 10여 년간 지하에서 간첩활동을 한 울릉도를 거점으로 한 대규모 간첩망 일당 47명을 검거했다. 이들 간첩들은 대학교수, 강사, 고교교사, 교회목사, 의사, 정당인, 은행원, 주부 등 각계각층의 직업을 갖고 있으며, 일당은 북괴로부터 직접 남파된 공작원이나 일본을 통한 우회침투에 의해 혈연, 지연 관계를 중심으로 동조자를 규합하여 지하망을 구축했다. 이들은 신망이 두터운 군의 중견간부나 정계, 재계, 지식층, 학원, 농어촌 등에 광범위하게 침투하여 평소 신망을 얻어둔 다음, 이른바 결정적 시기에 봉기하도록 하라는 지령을 받고, 울릉도를 거점으로 서울, 대구, 부산 등 도시와 전북 일대의 농어촌을 무대로 암약해 왔다. (중략) 한편 재일간첩 이좌영에게 포섭된 전북대 교수 이성희(47세), 공화당 부안지구 부위원장 최규식(37세), 공화당 진안지구 조직부장 유창열(43세), 신민당 진안지구 조직부장 이한식(42세), 고창 농촌지도원 김영권(40세) 등 일당은 1965년 10월부터 1973년 2월 사이에 유학 또는 농업기술 연수 명목으로 일본에 건너가 체류하는 동안 북한을 방문하거나 재일 북괴 공작원으로부터 간첩교육을 받았다. 이들은 귀국한 뒤 정계, 경제계, 학계, 농어촌 등에 침투하여 전북 일대에서 '위친계', '농사개량구락부' 등의 서클을 조직하여 동조자 규합을 위한 토대를 구축하였고, 뒤이어 정계와 언론계 요인에 접근하여 유사시에 교수와 학생 동원에 결정적 영향력을 행사하기 위하여 대학총장 취임 운동을 전개하는가 하면 군부에 침투하려는 목적으로 모 장성을 포섭하려고 하는

등 간첩활동을 하였다.[1]

중앙정보부의 발표대로라면 실로 대규모의 간첩단 사건이었다. 육지에서 217킬로미터나 떨어져 수사기관의 눈을 피하기 좋은 울릉도에 거점을 두고 보안을 유지하기 좋게 혈연 중심으로 조직을 건설하고 학계, 정계, 농어촌뿐 아니라 심지어 군까지 연루된 엄청난 사건이었다. 하지만 이 사건은 수사 착수부터 발표에 이르기까지 온통 불법구금, 협박, 구타 그리고 고문이라는 불법적인 방법에 의해 조작된 사건이었다. 수사기관은 대규모 간첩단 사건으로 만들기 위해 울릉도와 전라북도라는 전혀 관계없는 두 지역과 서로 일면식도 없는 사람들을 하나로 묶어놓았다. 불행히도 사건의 빌미가 될 만한 일들이 없었던 것은 아니다. 일본 유학이나 연수 시절 북한을 며칠 다녀온 사람들도 있었고, 서울에서 유학하던 전덕술 씨가 6·25 때 행방불명되었다가 1962년 12월 울릉도에 나타났을 때 그와 함께 북한에 다녀온 사람들도 있었다. 1960년대 초반만 해도 도서 지방에서는 북한을 왕래하는 것이 그리 어렵지도 않고 심각하게 생각되지도 않았다. 또한 당시 일본에서는 북한을 여행하는 것은 전혀 문제가 되지 않았다. 그러한 시대적 상황에 대한 고려 없이 유신정권의 필요성에 의해 협박과 고문으로 그들을 간첩으로 만든 것이다.

---

[1] 국방군사연구소 편, 『대비정규전사Ⅱ(1961~1980)』, 국방부, 1998.

울릉도간첩단사건으로 체포된 47명 중 북한에 다녀온 적이 있는 사람은 몇 명 안 되었다. 북한에 다녀온 사람의 경우라도 단순 잠입·탈출 이상의 죄를 적용하기 힘든데 특수 잠입·탈출로 만들어 간첩을 만들어낸 것이었다. 단순 잠입·탈출의 경우도 사실은 불법구금과 고문에 의해 이루어진 자백밖에 없기 때문에 죄가 성립되기 어려운 실정이었는데 유신헌법은 그들을 간첩으로 만들어놓은 것이었다. 유신헌법은 자백도 증거로 인정하였다. 12·12 쿠데타와 광주학살을 통해 집권한 신군부의 제5공화국 헌법조차도 고문 등에 의한 자백은 유죄의 증거로 삼을 수 없게 되어 있었다. 제5공화국 헌법 제11조 6항은 다음과 같다.

피고인의 자백이 고문·폭행·협박·구속의 부당한 장기회 또는 기망 기타의 방법에 의하여 자의로 진술된 것이 아니라고 인정될 때 또는 정식재판에 있어서 피고인의 자백이 그에게 불리한 유일한 증거일 때에는 이를 유죄의 증거로 삼거나 이를 이유로 처벌할 수 없다.

유신헌법은 제5공화국 헌법보다 열악하여 협박과 폭행, 고문에 의한 자백도 결과적으로 증거로 인정하였다. 그렇기 때문에 잡아다 고문을 통해 자백만 받아내면 간첩을 만들 수 있었다. 그 고문을 견딜 수 있는 사람이 어디 있었겠는가. 울릉도간첩단사건의 연루자들도 그렇게 해서 간첩들로 만들어졌다. 자신도 모르는 사이에 간첩이 되어버린 사람들의 범죄 내용도 어설프기 그지없다. 일본 유학이나 연수 시절 학비나 생활비를 조달하는 것이 어려워 재일교포 후원자의 도움을 받은 것은 모두 공작금으로 탈바꿈했다. 그들의 가족이나 친구들은 모두 불고지죄에 걸렸고, 식사라도 함께 한 이들은 포섭대상이 되었고, 이미 포섭된 간첩이 되어 있었다. 군 장성인 동생을 만나면 장성을 포섭하고 기밀을 캐내려고 공작한 것이 되었고, 교수와 학생들의 신망과 존경을 받아 총장 후보에 오른 것도 사회에 영향을 미치기 위한 간첩활동의 일환이 되었다. 또한 울릉도 사람들 중에 '돈도 주고 구경도 시켜준다'는 전덕술 씨의 말에 이끌려 북한 구경을 하고 돌아온 사람은 간첩이 되어 사형을 당하였고, 그의 부인 역시 불고지 혐의로 10년을 감옥에 갇혀 있어야 했다. 전덕술을 만난 적도 본 적도 없는 전 씨 일가도 대개 협력·방조·불고지를 이유로 간첩이 되었다. 빨갱이가 되고, 빨갱이 집안이 된 것이다. 이 땅에서는 살 수 없게 된 것이다. 손가락질받고 욕을 먹고 멸시를 당하고 억울한 일을 당해도 어디 가서 하소연할 데도 없는 처지가 된 것이었다. 이 땅에서는 어디에도 소속되지 못하고 따돌림을 받는 처지가 된 것이다. 세상뿐 아니라 그들과 곁을 나누며 살아온 사람들까지도 그들을 집단적으로 따돌리고 폭력을 가한 것이었다.

울릉도간첩단사건은 실체가 없는 조작된 사건이다. 만들어진 간첩단이고 만들어진 간첩들이었다. 오지 않은 간첩을 중앙정보부가 만들어낸 것이다. 1970년대 들어 간첩의 남파는 급격히 줄어들었다. 1960년대의 절반 이하로 떨어졌다.[2] 북한의 간첩 남파는 1970년대 들어 사실상 중단되었다. 1972년 이후 생포·자수·사살을 불문하고 간첩으로 적발된 사람은 약 850여 명이다. 그 가운데 북한이 직접 내려보낸 것이 확실한 소위 직파간첩은 30명 이내였다. 나머지는 월북자·행불자 가족 간첩 사건, 일본과 관련된 우회 간첩 사건, 납북어부 사건, 친북 급진운동세력 관련 간첩 사건 등의 관련자들이었다. 북한이 1972년 이후 간첩의 직파를 사실상 포기한 것은 공작원의 남파가 엄청난 고비용에도 불구하고 지극히 비효율적이었기 때문이었다. 아무리 남쪽 출신이라 해도 몇 달간의 교육 과정에서 남쪽 출판물을 읽는 것만으로는 20년 가까운 세월이 낳은 변화를 극복할 수 없었기 때문이었다.[3] 이처럼 북한에서 내려보내는 간첩의 수가 줄어들고 석발되는 간첩의 수도 현저히 줄어들자 남쪽 당국은 새로운 문제를 안게 되었다. 1967년 이후 대대적으로

---

2 출처: 국정원 과거사건 진실규명을 통한 발전위원회, 『과거와 대화, 미래의 성찰—학원.간첩편(Ⅵ)』, 국가정보원, 2007, 245쪽. 한홍구, 「한국현대사의 그늘, 남파공작과 비전향장기수」, 『역사비평』 제94호, 역사비평사, 2011, 204쪽에서 재인용.

구분	생포	사살	자수	계
1951~1959년	1,494	62	118	1,674
1960~1969년	825	762	99	1,686
1970~1979년	448	208	25	681
1980~1989년	238	77	25	340
1990~1996년	70	29	15	340
총 계	3,075	1,138	282	4,495

3 한홍구, 위의 글, 211쪽.

공작원을 남파하였던 북한에 맞서 확대하고 인원을 증가해 거대해진 방첩기구들이 그대로 남아 있었기 때문이다. 정권의 통치 논리와 안보 논리를 위해서는 말할 것도 없고, 조직의 존재를 위해서도 간첩이 필요해진 것이다. 무시무시한 간첩보다 더 무시무시한 '간첩 잡는 사람들'의 시대가 시작된 것이다.[4] 오지 않는 간첩을 만들어내는 시대가 된 것이다. 간첩을 만들어내기 시작한 배경에는 거대해진 방첩기구만의 문제가 있었던 것은 당연히 아니었다. 유신정권의 통치를 위해 안보 논리가 필요했고, 간첩들은 그 좋은 기제로 사용되었던 것이다.

울릉도간첩단사건 역시 이러한 흐름 속에서 만들어졌다. 울릉도간첩단사건이 만들어지던 1970년대 초반 국내외의 상황 변화로 말미암아 박정희 유신정권은 위기에 처해 있었다. 국제적으로는 1972년 미국과 중국이 수교를 하였고, 미국과 소련은 전략무기제한협정을 체결하였다. 전 세계적으로 냉전이 해체(데탕트)된 것이다. 이러한 전 세계적인 냉전의 해체에서 자유로울 수 없는 남과 북의 정권은 7·4 남북공동성명을 만들어냈다. 하지만 냉전의 해체나 남북공동성명 등의 국내외적 변화는 필연적으로 박정희 정권에 대한 국내적 도전을 불러왔고 위기를 심화했다. 이에 위기를 느낀 박정희는 10월유신을 단행하였다. 위기를 극복하기 위해 폭압정치를 심화

---

4 한홍구, 위의 글, 213쪽.

한 것이다. 1973년 8월에는 유신체제에 강력하게 저항하고 반대했던 고故 김대중 전 대통령을 일본에서 납치하여 죽이려 하였다. 또 10월 19일에는 서울대 최종길 교수가 중앙정보부에서 조사받던 중 사망하는 사건이 발생하였다. 그해 말경에는 장준하 선생을 비롯한 많은 민주인사들이 개헌청원백만인서명운동을 시작하였다. 학생들의 반유신 투쟁 또한 타오르기 시작했다. 박정희 유신정권은 1974년 1월에 긴급조치 1호, 2호를 발동하여 장준하 선생을 비롯하여 많은 민주인사들을 구속하였지만 한번 타오른 반유신 투쟁의 불길은 잠재울 수 없었다. 이에 박정희 유신정권은 국민들의 안보 심리를 자극하여 이러한 위기 상황을 극복하기 위해 대규모 간첩단 사건을 조작, 발표하였던 것이다. 그 대표적인 사건이 1974년 3월 15일 발표된 울릉도간첩단사건과 4월 3일에 발표된 민청학련사건이다. 울릉도간첩단사건으로 47명이 체포되었고 3명이 사형을 당하였다. 민청학련사건으로는 250여 명이 체포되었다. 그들은 비상군법회의에 회부되었다. 더불어 민청학련의 배후에 10년 전 사건인 인민혁명당의 재건위가 있다고 발표하였다. 10년 전인 1964년에도 실체가 없었던 인민혁명당을 10년 후인 1974년에 다시 끌어낸 것이었다. 당시 박정희 정권의 영향하에 있던 사법부는 1975년 4월 8일 사형을 확정하였고, 4월 9일 사형 확정 18시간 만에 인민혁명당 관련자 8명에 대한 사형을 집행했다.

간첩보다 간첩 잡는 사람들이 더 무서운 세상을 지나오는 동안 나는 간첩 잡는 사람들이 무서워 간첩단 사건을 외면하며 지냈다. 간첩단 사건에 대해서는 알지도 못했고 알려고도 하지 않았다. 침묵한 것이다. 침묵함으로써 박정희 유신정권에 협조하고 고문에 의해 간첩이 된 사람들에게 폭력을 가한 것이다. 손가락질하고 외면한 것이다. 참으로 후회스럽고 부끄러운 날들이었다. 이 글을 통해 울릉도간첩단사건의 피해자들뿐 아니라 이와 유사한 조작 간첩단 사건의 피해자 모두에게 마음 기울여 용서를 구한다.

  4월 하순에 가까워지고 있었지만 밤바다는 서늘했다. 옷깃을 여몄다. 안개는 더욱 짙어지고 어둠은 더욱 두터워져 고기잡이배의 불빛도 가물가물 희미하기만 했다. 깊은 바닷속을 유유히 유영하는 물고기처럼 더욱 깊어진 침묵은 포구를 넘어 마을로 흘러들고 있었다. 침묵은 이 섬에서 살아가는 사람들의 삶의 일부가 되어 있었다. 아니 그 시대를 살아간 모든 사람들의 삶이 되어 있었을지도 모른다. 어쩌면 침묵 속으로 스스로 걸어들어가는 것 외에는 할 수 있는 것이 아무것도 없었을지도 모른다. 입을 열어 말하여도 아무도 듣는 사람이 없었기 때문이다. 침묵만이 유일한 언어였던 침묵의 시대였다. 그래서 울릉도 사람들은 그들과 평생을 살아왔던 이들이 어느 날 갑자기 간첩이 되고 간첩의 가족이 되었을 때에도 보아도 보지 않아야 했고 만나도 만나지 않아야 했던 것이다. 슬픈 현실이었다.

장막처럼 두텁게 드리워진 안개와 깊어진 어둠 사이를 지나 숙소로 돌아가는 길에 저만치서 술 취한 이들의 헝클어진 노랫소리가 들려왔다. 정겨웠다. 취객들의 헝클어진 노랫소리 때문이었을까. 두터운 안개와 깊은 어둠으로부터 벗어났다. 시가 떠올랐다. 나치에 반대하고 죽을 때까지 평화운동가로 살아 반체제운동의 상징적인 인물이 된 마르틴 니묄러 목사가 쓴 시였다.

처음에 그들은 공산주의자들을 잡아갔다.
하지만 나는 침묵했다.
왜냐하면 나는 공산주의자가 아니었기 때문이다.

그다음 그들은 유대인들을 잡아갔다.
하지만 나는 침묵했다.
왜냐하면 나는 유대인이 아니었기 때문이다.

그다음엔 노동운동가들을 잡아갔다.
나는 이때도 역시 침묵했다.
왜냐하면 나는 노동운동가가 아니었기 때문이다.

그다음엔 가톨릭교도들을 잡아갔다.
하지만 나는 침묵했다.
왜냐하면 나는 기독교인이었기 때문이다.

그러던 어느 날 그들은 나를 잡으러 왔다.

하지만 이미 내 주위에는 나를 위해 큰 소리로 외쳐줄 사람이 아무도 남아 있지 않았다.[5]

— 「그들이 왔다 They came」

---

[5] They came first for the Communists,
and I didn't speak up because I wasn't a Communist.

Then they came for the Jews,
and I didn't speak up because I wasn't a Jew.

Then they came for the trade unionists,
and I didn't speak up because I wasn't a trade unionist.

Then they came for the Catholics,
and I didn't speak up because I was a Protestant.

Then they came for me
and by that time no one was left to speak up.

3965

손두익 선생 이야기

하늘은 맑고 파도는 잔잔했다. 바다는 사막처럼 적막하고 배는 장바닥처럼 시끄러웠다. 터미널에서의 혼잡과 무질서는 가라앉았지만 울릉도로 들어가는 관광객들은 들뜬 기분을 주체하지 못하고 있었다. 배 뜨기를 기다렸다는 듯 여기저기 술판이 벌어지고, 고스톱을 치기도 하였다. 아쉬운 탄식과 즐거운 괴성으로 배 안은 왁자지껄했다. 텔레비전에서는 이미 방송되었던 드라마가 방영되고 있었다. 모두 한 배를 타고 있었지만 제각기 자신의 일들에 몰두해 있었다. 모두 홀로 있었다. 바닥에 누워 자고 드라마를 보고 술을 마시고 화투를 쳤다. 책을 읽는 이도 있었다. 창밖을 내다보았다. 굽이쳐 먼 섬들을 돌아온 파도는 지치지도 않은 듯 싱그러웠다. 늘 그러했다는 듯 햇살 받아 은빛으로 빛나고 있었다. 배는 은빛 물결 사이를 헤치며 물고기처럼 나아가고 있었다. 물속을 유영하는 물고기처럼 갈매기들은 날개 한껏 펴고 미끄러지듯 날고 있었다. 배를 따라오는 듯 제 갈 길 가는 듯 앞서거니 뒤서거니 날고 있었다.

두 번이나 미뤄진 후에야 겨우 들어가는 울릉도였다. 손두익 선생을 만나러 가는 길이었다. 손 선생은 1974년에 일어났던 울릉도 간첩단사건의 피해자 중 한 사람이다. 당시 어선을 소유하고 있었던 그는 북한으로 가는 처남을 태워주었다는 혐의를 받았다. 선생은 '내가 하지 않은 일을 했다고 할 수 없다'며 부인하고 항거하였지만, 끝내는 그들이 불러주는 대로 자술서를 쓰고 지장을 찍을 수밖에 없었다. 자신이 고문받는 것은 그래도 견딜 수 있었지만 끌려와 조사받고 있는 가족들이 자신과 같은 고문을 받을지도 모른다는 두려움을 이겨낼 수 없었다. 그리고 형식적인 재판을 거쳐 만 10년 2개월을 복역하였다. 그는 출소 후 한때 그와 함께 살아왔으나 사건 후 그를 외면한 '이웃 아닌 이웃'들이 살고 있는 울릉도로 다시 들어왔다. 체포되었던 바로 그 집에서 지금도 살고 있다. 선생은 사건 피해자들 중 울릉도에 남아 있는 유일한 사람이었다. 그는 울릉도를 떠나지 않고 있었다. 나는 그의 집도 보고 싶고, 그가 회한과 아픔과 배신과 절망이 서려 있는 땅 울릉도를 떠나지 않는 이유도 알고 싶었다. 그가 살았던 동네도 보고 싶고 산과 구름과 안개와 바람 많은 울릉도의 낮과 밤도 만나보고 싶었다. 거의 40년 가까운 세월 동안 품고 있는 울릉도의 침묵과 어둠도 만나보고 싶었다.

그를 처음 본 것은 대구에서 있었던 사건 피해자 모임에서였다. 그는 인상 좋은 이웃 할아버지의 선한 얼굴을 하고 있었으나 눈가에 깊이 파인 주름 사이에는 고단한 삶의 흔적들이 그대로 남아 있었다. 회한과 아픔과 슬픔들이 서로를 마주한 채 자리하고 있는 듯했다. 두 번째는 암으로 투병 중이던 그의 아내가 치료받으러 대구로 나왔을 때 영남대병원 로비에서 만났고, 세 번째는 그의 아들이 운영하는 경주 안강읍에 있는 식당을 찾아가 만났다. 그의 아내는 세월 따라 병이 깊어져 이야기 나누는 내내 누워 있었다.

배는 도동항으로 들어서고 있었다. 햇살이 눈부신 날이었다. 도동항을 빠져나오자 정형조 씨가 기다리고 있었다. 손두익 선생의 조카였다. 그가 손 선생의 집과 동네를 안내할 예정이었다. 고인이 되신 그의 아버지 정의출 선생 역시 울릉도간첩단사건에 연루되어 징역 1년 6개월에 집행유예 3년을 받은 피해자였다. 처음 보는 얼굴인데도 낯설지 않았다. 많은 사람들 속에 묻혀 있었는데도 한눈에 알아볼 수 있었다. 그도 나를 한눈에 알아보는 듯했다. 반갑게 수인사를 나눈 후 점심식사를 하기 위해 식당으로 들어갔다. 다소 가파른 계단을 올라가 2층으로 들어서니 주인이 살갑게 맞았다. 자리에 앉아 주문을 하고 식당을 둘러보니 포스터가 눈에 띄었다. '내 생명 조국을 위해'라고 씌어 있는 오래된 흑백 포스터였다. 글씨 바로 옆에 박정희 전 대통령의 사진이 들어 있었다. 살짝 미소를 짓고 있으나 근엄한 표정이었다. 군인의 얼굴이었다. 다른 쪽 벽에도 포스터가 부착되어 있었다. 컬러로 제작된 포스터였다. '더욱 밝은 내일을 위하여'라고 씌어 있고 박정희 대통령과 육영수 여사의 사진이 인쇄되어 있었다. 포항에서 울릉도 도동항으로 배를 타고 들어온 세 시간도 안 되는 사이에 시간을 거슬러온 것 같았다. 시간여행을 와 다른 시대로 들어온 듯했다. 울릉도간첩단사건이 발표되던 1974년의 언저리를 서성이고 있는 것 같았다. 우리나라를 개발독재의 광풍으로 몰아넣은 박정희의 포스터가 아직도 저리 생생하게 붙어 있다는 사실이 놀라웠다. 그를 아직도 그리워하고 숭배하는 이들이 이렇듯 많다는 사실이 충격적이었다. 유신으로 영구집권을 꿈꾸고, 긴급조치로 많은 민주인사들을 구속하고 고문하였으며, 수많은 노동자와 농민들의 삶을 고통 속에 빠트린 박정희의 망령은 최소한 이 공간에서는 날생선처럼 파드득파드득 살아 움직이고 있었다. 아니 아직도 한반도의 남쪽 땅에서는 현재진행형이었다. 함께 들어온 사진가 오재원 씨는 사진을 찍었다.

'선생은 끊임없이 외면당하고 멸시당할 것이 분명한 이런 땅에 왜 돌아왔을까? 왜 그런 수모를 당하면서도 이 땅을 떠나지 않았을까?'

식사를 하고 이야기를 나누면서도 이런저런 생각들로 이미 마음은 그 자리를 떠나 있었다.

"저리로 조금만 더 올라가면 이모부님 집입니다. 다 왔어요."

오르막길은 시멘트로 덮여 있었다. 이것도 개발의 광풍이 훑고 지나간 흔적이었다. 골목길까지 시멘트 덮여 흙을 밟기 어려웠다. 산허리를 따라 집들이 다닥다닥 붙어 있었다. 집들이 가까스로 내어준 좁은 길을 따라 들어가다 계단으로 올라선 곳에 선생의 집이 있었다. 슬레이트를 얹은 허름한 집이었다. 집 밖으로 나와 있던 선생이 환하게 웃으며 반겼다. 그 웃는 모습이 애잔했다. 슬퍼 보였다. 착각이었을까. 선생의 눈가에 눈물이 그렁그렁 맺힌 듯했다. 그 모습을 바라보다 눈물이 왈칵 쏟아질 것 같았다. 애써 눈물 말리며 호들갑스럽게 악수를 나누고 포옹도 하였다. 선생의 등이 수수깡처럼 말라 있었다. 안으로 들어서니 세월 담긴 낡은 처마 끝에 햇살이 내려앉고 있었다. 처마 끝 아래로 오징어를 건조하기 위한 건조대가 설치되어 있었다. 좁은 통로에는 플라스틱 재질의 큰 파란색 물통과 고무호스가 둘둘 말려 있었다. 오징어를 건조하는 데에 필요한 물품들 같았다. 하지만 최근에 오징어를 건조한 흔적은 어디에도 보이지 않았다. 건조대에는 지나는 바람만 잠시 머물고 있을 뿐이었다. 통로 한쪽에 널려 있던 빨래들이 바람에 흔들렸다.

선생은 사건이 있기 전, 1970년에 수협중앙회에서 소형 어선 건조사업으로 융자와 보조를 받아 '만길호'라는 어선을 건조하였다. 배를 소유하고 있는 선주였기 때문에 경제적으로는 어려움이 없는 생활을 하고 있었다. 자그마한 집도 한 채 있었다. 하지만 수감되어 있는 동안 부채상환을 못 하게 되면서 집도 배도 모두 채권자에게 넘어갔다. 집안은 말 그대로 풍비박산났다. 출소한 이후 울릉도로 돌아온 선생은 취업을 할 수도 없고 마땅히 할 수 있는 일도 없었다. 보안관찰로 인해 주거제한에 걸려 있었기 때문에 다른 곳으로 떠날 수도 없었고 갈 곳도 없었다.

선생은 처음에는 나물을 팔아 생계를 연명했다. 지금도 외지인들에게는 '울릉도나물'로 알려져 있는 명이를 주로 캐다 팔았다. 명이는 나물의 일종으로 삶아 먹기도 하고 김치를 담가 먹기도 하였다. 울릉도는 평지가 거의 없다. 산으로만 이루어져 있는 섬이다. 숲 울창하고 산 많아 울릉도鬱陵島라는 이름을 얻게 된 섬이다. 따라서 산이 가파르고 절벽이 많았다. 나물 캐는 것도 그리 쉽지 않았다. 위험할 때도 많았다. 나물은 가파른 절벽에 많았고 손길 닿기 어려우니 당연한 일이었다. 선생은 많은 경우 위험을 감수하고 나물을 캐기 위해 가파른 절벽으로 내려가곤 하였다. 나물을 캐야만 생계도 해결할 수 있고 밀린 월세도 낼 수 있기 때문이었다. '이래 죽으나 저래 죽으나 죽는 것은 마찬가지'라는 절박한 심경이 그를 가파른 절벽으로 내몰았고 또한 지켜주기도 하였다. 선생이 생계를 위해 다음에 한 일은 오징어를 건조하는 일이었다. 성수기에는 하루에 두세 시간밖에 잘 수 없었다. 식사도 하루에 두 끼밖에 먹을 시간이 없을 만큼 바빴다. 그 당시 오징어 한 두름을 건조하면 700원을 받았다. 하지만 단가가 너무 싸게 책정되어 있었다. 도저히 생활을 할 수 없었다. 선생은 고민 끝에 사람들과 힘을 합하여 단가를 올리기 위한 임금투쟁을 벌였다. 한 달 동안 일을 중단했다. 중매인 협회에서는 "빨갱이 새끼가 와서 충동질한다"며 갖은 욕설과 음해를 하였지만 끝내는 단가를 올려줄 수밖에 없었다. 오징어 한 두름 건조 단가는 700원에서 거의 두 배인 1300원으로 인상되었다. 오징어를 건조하는 일만으로도 생활이 가능해졌다. 비성수기에는 오징어 말리는 일을 할 수 없어 도로포장 같은 일을 하며 생계를 유지했다.

마당이라고 할 수 없는 좁은 통로의 끝에 서니 바다가 한눈에 들어왔다. 오전 내내 보고 온 은빛 물결이 여전히 넘실대고 있었다. 수많은 세월 울릉도 바다를 지켜온 촛대바위도 보였다. 오랜 세월 동안 선생은 이 자리에 서서 바다를 바라보며 무슨 생각을 하였을까.

"어서 들어오세요."

부엌의 수돗가와 낡은 싱크대 옆에는 크고 작은 양은냄비들이 겹겹이 쌓여 있었다. 방으로 들어섰다. 벽의 선반에는 모질고 고단했던 세월을 지켜본 선생의 손때 묻은 드라이버, 펜치 등의 공구들이 가지런히 놓여 있었다. 구들 놓이지 않은 방에는 전기장판이 깔려 있었고 벽은 베니어판으로 덮여 있었다. 구멍 숭숭 뚫린 블록으로 지어진 오래되고 허술한 집이 바다에서 불어오는 세찬 바람을 감당할 수는 없었으리라.

선생은 커피를 내왔다.

"멀리서 여기까지 오셨는데 드릴 게 없네요. 죄송해서…."

"별말씀을요. 점심도 맛나게 잘 먹고 왔습니다."

"그래도… 과일이라도…."

선생은 이곳까지 자신을 찾아온 사람이 있다는 것만으로도 고맙고 감사한 듯했다. 더 잘 대접하지 못하는 형편이 못내 아쉽고 속상한 듯했다. 미안해하고 있었다. 나는 그런 선생을 애써 외면하며 궁금해하던 것을 물었다.

"선생님, 제가 알기로 사건에 연루된 분들 중에서 선생님만 유일하게 울릉도에 남아 계신 것으로 아는데 왜 울릉도로 다시 돌아오셨어요? 사람들이 피하고 외면했을 텐데 왜 떠나지 않으셨어요?"

선생의 얼굴은 서글펐다. 1974년 2월 18일 영문도 모른 채 연행되어 1984년 4월 18일 출소하는 날까지의 만 10년 2개월의 시간과, 출소 이후 지금에 이르는 28년의 모질었던 세월이 주마등처럼 스쳐가는 듯했다. 선생은 큰 숨을 길게 내쉬었다. 감회가 이는지 평생을 살아온 방을 찬찬히 둘러보았다.

"사실… 갈 데가 없었어요…. 가족들도 이곳에 있고… 가진 것은 다 빼앗기고 잃어버렸고… 아무것도 가진 것이 없었지요. 아무것도 가진 게 없는데 어디로 갈 수 있었겠습니까? …떠나고 싶어도 떠날 수가 없었지요. 게다가 보호관찰 때문에 주거제한이 걸려 있어서 울릉도 안에서조차도 이사할 수 없었고요."

선생은 그가 살아왔던 참혹했던 날들의 기억들이 오랜 세월 울릉도의 세찬 바닷바람에 씻기어 이제는 잊힌 이야기라는 듯 담담하게 이야기하고 있었다. 마른 기억들을 풀어놓듯, 어디선가 전해 들은 낯선 사람의 이야기를 꺼내놓듯 담담하게 '나는… 갈 곳이 없었다'고 말하고 있었다. 다른 곳으로 갈 수 있는 경제적 능력도 없고 또 받아주는 곳도 없었다고 말하고 있었다. 나는 한동안 아무 말도 할 수 없었다. 자신이 태어나고 자라고 살아온 대한민국이라는 이 나라에서 아무 데도 갈 곳이 없었던 것이다. 하기야 자신을 잡아가 고문하여 간첩으로 만들고 10년을 넘는 세월을 감옥에 가둬두었는데 가고 싶은 곳 또한 있을 것 같지도 않았다. 어느 곳으로도 갈 곳이 없다는 사실만큼 큰 절망이 어디 있을까. 선생은 그 절망을 안고 간첩으로 내몰린 채, 외면당하고 내처진 이 땅으로 돌아올 수밖에 없었던 것이었다.

"물론… 사람들도 외면했지요…. 사건 발생 직후에는 집에 개미 새끼 한 마리 오지 않았지요…."

선생은 선뜻 말을 이어가기가 힘든 듯 숨을 고른 후 말을 이었다.

"제가 교도소에 있는 동안 가장 마음 아팠던 일은 어머님이 돌아가신 것이지요. 제가 출소하기 2년 전 12월에 어머님이 돌아가셨거든요. …말할 수도 없는 불효에 뼈가 아리고 온몸이 아파 며칠을 먹지도 못했지요. 한데 정말 기가 막힌 것은… 나중에 알게 되었는데… 제 옆집에 살던 사람이 있어요. 제가 선장 일을 가르쳤지요. 제가 울릉도에서 선장 면허를 가장 먼저 땄거든요. 제가 그 사람에게 선장 일을 가르치고 제 배에서 선장으로 일을 하게 했지요."

"그 사람에게는 선생님이 은인이라면 은인이겠네요?"

"그렇기도 할 텐데 말이에요…. 사람이라면 와서 위로를 해주어야 하는 것 아니겠어요…. 한데 위로는 못 해줄망정… 이 사람이 어머니를 찾아와서는 '할머니 아들은 빨갱이예요. 살아서는 돌아오지 못해요. 그러니 기다리지 마세요. 그리 아세요'라고 말했대요. 그렇지 않아도 노환으로 몸 시들어가고 아들 걱정으로 마음 타들어가고 있던 노인은 심한 충격을 받으셨지요. 마음은 마른 풀처럼 시들고 몸은 수수깡처럼 꺾인 것이지요. …그러더니 얼마 안 되어 실명하시고 운명하셨어요. …그런 일도 있었어요. 사람의 인심이란 것이 참 무섭습디다…. 84년 4월 18일 출소 후 어머니의 묘소에 가서 목놓아 울었지만… 아무 소용없는 일이었지요…."

선생의 눈에 촉촉이 눈물 배어 있었다. 선생은 애꿎은 허공을 바라보며 눈물을 애써 말리고 있었고, 정형조 씨는 눈길을 밖으로 돌리고 있었다. 나는 울릉도 바다의 세찬 바람을 막기 위해 붙여놓은 베니어판을 무심히 바라보기도 하고 빈 커피잔을 물끄러미 쳐다보기도 하였다. 왜 그런 생각이 그 순간에 들었을까? 베니어판에는 무늬가 새겨져 있었으면 좋겠고 커피잔은 순백의 흰색이었으면 좋겠다는 생각을 하고 있었다. 방 안에 침묵 흐르고 마주 앉아 있던 네 사람은 잠시 제각기 떨어져 있는 듯 자신들만의 시간을 갖고 있었다. 저만의 공간에 머물고 있었다. 나는 그 침묵이 낯설어 '이 집은 연행당하셨던 집인데, 다른 집으로 이사라도 하시지 그러셨어요?' 하고 묻고 싶었지만 차마 물어볼 수 없었다. 그런 내 마음을 느끼셨는지, 갑작스레 찾아온 침묵이 어색하셨는지 선생이 먼저 침묵을 깼다.

"다른 집으로 이사하고 싶은 마음도 있었지요…. 하지만 돈이 없었어요. 이사할 경제적 능력이 없어서… 사건 전에는 배도 있고, 경제적 능력이 어느 정도는 있었는데 말이에요…. 연행된 후에는 배를 띄울 수가 없었지요…. 빚도 있었고… 배를 싼 값에 처분할 수밖에 없었지… 집도 그렇고…."

선생이 연행된 후 집안 형편은 말이 아니게 되었다. 부인은 오징어를 손질해 겨우 생계를 유지했다. 선생과 부인 전일순 씨는 슬하에 삼남이녀를 두었다. 아버지가 간첩으로 몰렸고 집안이 풍비박산이 났으니 자녀들의 삶 또한 평탄할 수 없었다. 취업을 하는 것도 결혼을 하는 것도 쉽지 않았다. 다니던 학교도 집단따돌림과 멸시에 경제적 어려움까지 겹쳐 그만둘 수밖에 없었고, 어렵게 고등학교를 졸업하고 공무원 시험에 붙어도 임용이 되지는 않았다. 수십 년의 세월이 지난 지금까지도 아버지에 대한 원망이 남아 있는 자녀도 있었다. 야만의 시대를 살아오며 자녀들이 겪어야만 했던 마음의 고통과 삶의 고단함이 마음에 남겨놓은 감정들이었다. 사건 이후 일생을 세상에 쫓기고 사람들에게 내몰려 마음 졸이며 살아온 부인 역시 암으로 몇 년간 투병하다 지난 3월 4일 선생 곁을 떠나고 없었다. 부인이 떠나고 난 한 달 남짓의 세월 동안 선생은 많이 늙은 듯했다.

"힘드시겠지만… 연행되셨을 때 말씀 좀 해주시죠? 74년 2월 18일이었지요?"

"예. 2월 18일이었지요. 어찌 잊을 수 있겠어요…. 영문도 모른 채 연행되었지요. 중앙정보부 수사관들이었지요. 2, 3일 정도 울릉도 경찰서에서 취조를 받은 후 함정을 타고 포항으로 나와 서울로 갔지요. 내 기억에… 중앙정보부 남산분실에 도착한 것은 밤 12시 조금 넘어서였어요. 그때부터 본격적으로 취조를 받았어요. 취조라는 것이 묻고 대답하는 일문일답의 취조가 아니었어요. 처음에는 겁을 주더군요. 각목, 야전침대에 끼는 방망이, 군용 담요, 야전용 전화기 따위를 보여주고 흔들며 '바른 대로 말하지 않으면 이것들 맛을 보게 될 게야' 하며 겁을 주었지요. 그들이 원하는 대답을 하지 않으면 무조건 주먹이 날아왔지요. 30센티미터 대나무자로 며칠을 계속해서 볼을 맞으니 얼굴은 퉁퉁 붓고 이빨이 흔들거려 밥을 먹을 수도 없었지요. 잠도 제대로 잘 수 없었고요…. 견디기 힘들었던 것 중 하나는… 끊임없이 같은 질문을 되풀이해서 하는 것과, 아무런 상관없는 엉뚱한 질문을 불쑥불쑥 하는 것이었어요. 그래서 그들이 원하는 대답이 안 나오거나 이전에 했던 대답과 토씨 하나라도 다르면 고문을 했지요…. 팔뚝만 한 각목을 뒷무릎에 끼운 후 허벅지 위에 올라가 밟고 뛰고 하였지요. 고통을 참지 못해 비명을 지르다가 실신을 하고, 비명을 지르다가 실신을 하고… 그러다 깨어나면 어떤 내용이 적혀 있는지 알지도 못하는 조서를 내놓고 지장을 찍으라고 강요했지요. 나는 '잘못하면 정말 큰일나겠구나' 하는 생각이 들어서, 용기를 내어 '내가 한 행위에 대해서는 사형도 달게 받겠으나 하지 않은 것을 했다고 할 수는 없으니… 제발 제게 이렇게 하지 말아주세요'라고 했지요. 그들이 원하지 않는 대답의 결과는 정말 생각하기도 싫은 고문으로 나타났지요. …그들이 취조를 시작할 때 각목이나 군 담요 따위를 보여주며 '네게 주는 선물'이라고 했는데 그 선물이란 게 뭐였는지 빠짐없이 확인할 수 있었어요. 그들은 군용 모포에 주전자의 물을 부어 적신 후 '순순히 자백하도록 해주겠다'고 말했지요. 그런 후 나를 물에 젖은 모포에다 둘둘 말았어요. 숨을 못 쉬겠더군요. …그들은 내 위로 올라가 계속 밟았지요. 숨이 끊어지는 것을 느꼈습니다. …이러다가 정말 죽는구나 하는 생각에 사로잡히곤 하였지요. 그런 공포 속에서 나도 모르는 사이에 오줌도 싸고 똥도 쌌지요…. 그다음에는 거의 반실신 상태에서 혼절도 하고 고문도 받고 했던 것 같아요. 그러다가 다시 정신이 조금 돌아오면 다시 또 똑같은 고문이 되풀이되었지요. 되풀이되는 고문이 두려워 혼절한 척이라도 하면 몽둥이로 쿡쿡 찔러보곤 하였어요. 정말 혼절했는지 확인하는 것이지요. …그러다 혼절한 척을 했다는 게 걸린 날은 더 심하게 고문을 당했지요. 그들이 원하는 대답이 나올 때까지 고문은 되풀이되고 되풀이되었지요…."

선생은 이미 식어버린 커피를 한 모금 마셨다. 깊고 너른 바다를 넘어온 바람이 허술한 블록 담을 지나 들어올 때마다 베니어판은

'웅… 우웅…' 하며 떨곤 했다. 그 소리가 마치 바람이 흐느끼는 소리 같기도 하고 울릉도 바다가 우는 소리 같기도 했다. 선생의 고단하고 지난했던 세월의 한 서린 통곡 같기도 하고 가슴 깊은 곳에서 울려나오는 노랫소리 같기도 했다.

"저는 64년에 강원도 거진항으로 명태잡이를 갔다가 불행히도 납북되었어요. 약 30일 동안 북한에 머물러 있었지요. 북한에 있을 때는 별 특별한 일도 없었고… 주로 영화를 보았는데 졸면 상영을 중지하고 졸지 말라고 윽박지르곤 하였지요. 제가 북한에 체류하는 동안 했던 일은 그런 정도의 일밖에 없었어요. 우리나라에 돌아와 조사도 받고 처벌도 받았지요."

"어떤 처벌을 받으셨어요?"

"돌아오자마자 구속되었지요. 납북되었던 것인데 말이에요. 강릉지법에서 재판을 받았어요. 징역 3년에 집행유예 5년을 받았지요. 항소했지만 기각됐어요. 나라에서 우리를 지켜주지 못해 생긴 일인데… 우리만 벌받았지요. 어쨌든 그 일이 다시 빌미가 된 것이지요. 조사받으면서 들었는데… 서울에서 유학하다가 6·25 때 행방불명되었던 큰처남 전덕술이 북한에서 왔다는 이야기를 하더군요."

선생은 잠시 숨을 고른 후 숨을 크게 내쉬었다. 전덕술 씨는 손 선생의 아내 전일순 씨의 오빠였다. 큰처남이었다. 이 일로 인해 선생의 아내는 평생을 미안해하며 가슴앓이를 하고 살아왔다. 자신의 오빠로 인해 아무런 관련도 없는 남편이 간첩의 누명을 쓰고

10년이 넘는 긴 세월 옥살이를 하였을 뿐 아니라 가진 것을 모두 다 잃었으니 말이다.

"저는 수사 과정에서 전덕술이라는 이름이 나올 때 거짓말이라고 생각했어요. 6·25 이후 한 번도 연락이 없었고 본 적도 없는데 갑자기 그가 울릉도에 왔다고 하니 어떻게 믿겠어요. 더구나 그를 만나 포섭당하고 죽도를 거점으로 간첩들을 실어나르는 일을 했다고 자백하라는 것이었지요. 그런 일 한 적 없다고 부인하였지요. 그러자… 고문은 계속되었지요. …그들은 지치지도 않았어요. 저는 서서히 죽어가고 있었지요. …제 숨이 끊어지지 않는 것이 한편으로 신기하기도 했지요. 사람의 목숨이 어찌나 모진지 참으로 숨이 끊어지지 않더군요. 너무 고통스러웠지요. 진실 여부와 상관없이 빨리 이 상황이 끝나기만을 바라는 마음이 들었지요. 가족들도 이런 고문을 받게 될지도 모른다는 것을 생각할 때마다 견딜 수도 없었고요. 그렇게… 그들이 요구하고 만들어놓은 죄를 시인했지요. 그들이 제 손을 붙들고 지장을 찍었어요."

"혹시… 고문한 수사관을 기억하고 계세요?"

"이 아무개인데… 이름은 정확하지 않아요. 얼굴은 기억하지요.[1] 당시에는 그 사람이 지옥에나 가기를 빌고 싶은 마음이었지요. 주

---

1 '울릉도간첩단사건'에 대한 진실화해위원회 보고서에 의하면 손두익 선생은 수사관의 이름이 '이치왕'이라고 정확히 말하고 있다(2010년 4월 8일 진술청취). 2년 정도밖에 지나지 않은 시간이지만, 아마도 기억력 감퇴로 인해 정확한 이름을 기억하지 못한 것으로 보인다.

로 그 사람에게 맞았어요. 한데 얼마 전에 알게 되었는데, 그 사람은 이미 오래전에 죽었다고 하더군요. 어떻게 죽었는지는 잘 몰라요. …전 사실 지금도 공소장 내용도 정확히 몰라요. 그동안 알고 싶지도 않았고, 보고 싶지도 않았고, 생각하고 싶지도 않았어요…. 시인을 하고 지장을 찍고 며칠 지났을까요. 어느 날 오후 조사관이란 사람을 만났어요. 그 사람이 말하더군요. '너는 나 같은 사람 만났기 때문에 잘 있다가 나가는 것이야. 감사하게 생각하라고. 오늘 넓은 곳으로 보내줄 것인데, 여기에서 있었던 이야기들을 쓸데없이 하면 여기 다시 오게 될 것이니 명심하고 행동해라'라며 위협을 하더군요. 반신반의하면서도 '여기서 나가게 되나 보구나' 하고 생각했지요. 그리고 그날 밤에 서울구치소로 갔지요."

"조사 끝나고 이감되신 것이네요?"

"그렇지요. 구치소에 가니 옷을 다 벗기더니 홑겹 청색 수의를 주더군요. 독방에 들어갔는데 홑이불 하나 달랑 있었지요. 그날은 영하 15도가 넘는 아주 추운 날이었거든요. 추워서 잠을 잘 수 없었어요. 아침에 일어나 보니 물그릇의 물이 얼어 돌처럼 딱딱해졌어요. 며칠 지나는 사이에 귀와 코가 얼어 진물이 나고 발가락은 동상이 걸렸지만, 어떻게 해볼 도리가 없었어요. 그냥 지내는 수밖에…. 그러던 어느 날 앞방에 대구에서 이감해온 사람이 들어왔어요. 인민혁명당이라고 있었잖아요? 그 인혁당 사건으로 구속된 사람이라고 하더군요. 당시 그 옆방에는 학생 시위사건을 변호하다 들어온 강신옥 선생도 있었고… 이름은 기억나지 않는데, 권 아무

개라는 목사도 있었고⋯ 동아일보 기자도 있었지⋯. 통방이나 말은 못하였지만 손짓발짓을 하며 사건의 내용에 대해 이야기도 하고 서로를 위로하기도 했지⋯. 그렇게 며칠 지났을까? 앞방의 인혁당 사건 피의자 방에 기상과 동시에 교도관 한 명이 오더니 내내 함께 이야기를 나누다가 그 사람을 데려갔어요. 그 방 사람들에게 물어보았더니 오늘 출소한다는 것이었어요. 내 일은 아니지만 내 일처럼 기뻤지요. 그래서 우리는 그 사람의 행운을 빌어주고 축복해주었어요. 그런데 한 시간쯤 지났을까. 참으로 잊지 못할 일이 일어났어요. 사형 집행이 있다는 이야기가 돌기 시작했어요. 이 방 저 방에서 수군거리는 소리들이 들려왔지요. 사형 집행이 있는 날은 식사가 제 시간에 배식되지 않는다는 거였어요⋯. 그러던 차에 배식부가 돌아다니면서 아침식사가 늦어진다고 말하고 다녔지요. 어느 누구의 입에서 나온 말인지 기억나지는 않는데⋯ 순식간에 인혁당 사람들이 처형된다는 말이 돌기 시작했어요. 10시 30분이 지나서야 아침식사 배식이 돌았지요. 그날⋯ 우리가 평소와 달리 아침 10시 30분이 넘어 아침밥을 먹던 날, 인혁당 사람들 8명은 형장의 이슬로 사라진 것이에요. 사형당한 것이지요⋯."

손 선생은 그날의 일들이 생생하게 되살아나는지, 숨죽여 숨을 고르고 있었고 나는 시선 둘 곳 없어 선반 위에 가지런히 놓여 있는 공구들을 그저 바라보았다. 정형조 씨는 괜스레 발가락만 매만지며 어쩔 줄 몰라했다. 어색하고 어눌한 침묵이 방 안에 가득했다.

"뭐… 그랬지요. 뭐… 그렇게 되었어요. 처음 구형공판에서는 무기를 구형받았어요. 목재상으로부터 부탁을 받고 목재를 울릉도까지 실어다준 후 당연한 수고비를 받았는데… 그것이 나중에 보니 공작금으로 둔갑해 있더라고…. 간첩도 실어주고 공작금도 받았다는 거였지요. 저는 사실 그때까지만 해도 지은 죄가 없으니 '나갈 수 있겠지' 하는 막연한 기대감을 품고 있었어요. 그렇게 크게 심각하게 생각하지 않았어요. …너무 무지했던 것이지요. 그런데 무기 구형을 받고 나니 그때부터 정말 두려워졌어요. '이러다가 정말 무기형을 받아 나가지 못하는 것이 아닌가' 하고 말이에요. 연로하신 어머니와 가족들 걱정에 잠을 이루지 못했지요. 그것이 가장 힘들었어요. 1심에서 징역 13년, 2심에서 징역 10년, 자격정지 10년을 받았고, 대법원에서 확정되었지요. 서울구치소에 있을 때는 중앙정보부에서 자주 드나들어 힘들었어요. 나중에 대전교도소로 이감되었지요. 좌익 기결수 독방에 갇혀 있었지요. 그때 김낙중 선생과 함께 복역하였어요. 강신옥 변호사도 다시 만났고… 그분들과 간간이 이야기 나누며 많은 것을 배웠지요. 물론 저도 대전교도소에서는 잡범들을 대상으로 한문을 가르쳤지요. 천자문을 하루에 8자씩 가르쳤어요. 남는 게 시간인데 서두를 필요가 없었지요. 뭐… 그렇게 지냈지요."

손 선생은 집 앞 골목까지 배웅 나왔다. 오랜 세월 가슴에 묻어두기만 했던 이야기들을 조금이라도 털어놓아 조금은 편해진 듯 보이기도 하고, 못다 한 이야기들 너무 많아 아쉬워하는 듯 보이기도 했다.

산자락에 자리하고 있는 선생의 집을 나서자 바다도 촛대암도 저동 포구가 품고 있는 안동네도 한눈에 들어왔다. 아주 오래전부터 수십, 수백, 수천 년 전부터 그렇게 어울려 살아온 것처럼 자연스러웠다. 세월을 느낄 수 있는 집들도, 부분적으로 복개된 개울도, 스치는 바람도 늘 그렇게 그 자리에 있었던 것 같았다.

"예전에… 70년대에는 동네에 집이 몇 채 없었어요. 대부분 논이었지요. 부분적으로 복개된 저 개울이 흐르고 있었고요. 이제는 집들이 빼곡하게 들어차 있지만요. 저기 저 집 2층 양옥집 있지요? 보이세요? 새로 지어서 깨끗한 집이요. 저 집터가 옛날 전영관 씨 집이 있던 자리예요. 그 아래로 조금 내려와서 보면 붉은 타일이 발라져 있는 집 보이세요? 그 집이 정의출 씨 집이었고요. 정의출 씨는 저 집에서 한 10년 사셨지요. 사건 이후에 그 집을 떠나셨고요."

전영관 씨는 사건의 발단이 된 전덕술 씨의 아버지 전주봉 씨의 동생으로, 전덕술 씨와 함께 북한을 두 번이나 왕래하며 공작금을 받아 간첩활동을 하였다는 죄목으로 사형을 당하였다. 또한 정의출 씨는 길 안내를 하고 있는 정형조 씨의 아버지로 역시 사건의 피해자였다. 저동아파트 방향으로 조금 걸어 내려가니 울릉어업정 보통신국이 보였다.

"울릉도어업정보통신국 있는 이 자리가 전덕술 씨 집이 있던 자리였습니다. 당시에는 큰 집이었어요. 기역자 형태의 집이었어요. 마당도 크고 집도 컸지요. 전망도 좋고 아주 좋은 자리에 자리잡고 있었어요. 집터도 좋고 집도 크고 좋았지요."

전덕술 씨 집이었던 정보통신국 자리에 서니 바다가 가까웠다. 북저암이 손에 잡힐 듯했다. 손을 내밀면 바람 스며들어 이내 머물 것 같았다. 멀리 바다 저편에서 저녁이 오는 듯 조금씩 노을 깃들고 있었다. 그렇게 저녁이 왔다.

사진가 오재원 씨와 함께 저동 포구의 식당으로 향했다. 선생의 둘째따님인 손명숙 씨를 만나기로 하였다. 어스름 내린 포구의 저녁은 붉은 노을을 닮아 붉게 출렁이는 바다 물결과 포구의 싸고 싱싱한 해물을 찾아온 들뜬 관광객들의 소란스러움과 백열등 불빛들이 어우러져 멀리 있는 듯 아스라했다. 사람들의 조근조근한 말소리는 먼 세월을 넘어 들려오는 듯하고 곁에서 들려오는 시끌벅적한 소리들도 어스름 사이로 불 밝히기 시작한 배 너머에서 들려오는 듯했다. 그저 낯선 포구를 찾아온 관광객처럼 모든 것이 낯설게 느껴졌다.

포구 옆 식당가의 네온사인에도 불이 들어오고 있었다. 식당으로 들어서자 선생 일행 또한 들어서고 있는 중이었다. 선생과 따님 내외와 정형조 씨까지 네 사람이었다. 아버지를 쏙 빼닮은 딸의 얼굴에는 모진 세월 살아온 세월의 흔적이 그대로 배어 있었다.

"아버지가 붙들려가실 때 저는 초등학교 6학년이었어요. 저는 사실 무슨 일이 일어났는지도 정확히 몰랐어요. 이야기해주는 사람도 없었지요. 설사 이야기를 해주려고 해도 내용을 정확히 아는 사람도 없으니 이야기해줄 수도 없었지요. 어느 날인가… 학교에 갔는데 분위기가 보통 때와 달리 이상해요. 선생님도 아이들도 평소와 달라요. 저는 저희 집에 무슨 일이 일어났는지 눈초리가 달라진 친구들과 선생님을 통해서 알게 되었지요. 저희 집은 빨갱이 집이고, 저는 빨갱이의 딸이었다는 것을요…. 그제야 무슨 일이 일어났는지 알게 되었지요. 너무 상처도 많이 받았고 울기도 많이 울었지요. …그 후의 삶은 말로 하기 어렵네요. 아주 힘든 세월이었어요. 빨갱이 집이라는 손가락질과 따돌림을 견디기 어려워 엄마도 저희들도 울릉도를 떠나고 싶었지만 그럴 형편이 안 되었지요. 엄마는 안 하신 것이 없었어요…. 나물을 캐어 팔기도 하고 오징어 말리는 일을 하시기도 했지요. 제가 중학교 2학년 때는 새벽 한두 시경에 나와 보니 엄마가 쓰러져 있었어요. 오징어 말리는 일을 하다 연탄가스에 취하신 것이었어요. 그 일을 하실 수 없을 때에는 공사 현장에 나가 자갈 깨는 일을 하셨지요. …고등학교 다닐 때에는 공부를 잘해 상을 받게 되었는데 막상 상 받는 날이 되니 상을 주지 않아요. 신원조회에 걸린 것이에요. 선생님이 그러시더군요. '상을 주려고 했는데… 아버지 때문에 줄 수 없게 되었다' 하고 말이에요. 그 이후로는 상 같은 것 받을 생각을 하지 않게 되었지요."

손명숙 씨의 입가가 씰룩였다. 웃는 듯했다. 메마른 웃음이었다. 그녀는 선생이 옥중에 있을 때 결혼을 하였다. 남편 될 사람과 함께 선생을 면회하였다. 사위와 장인의 첫 대면이었다. 선생은 '지금은 형편과 처지를 다 알고 있는 것 같으니 나중에 후회하지 않을 자신이 있으면 결혼해도 좋다'고 말해주었다고 한다.

"외람되지만… 한 가지만 여쭤볼게요. 장인 되실 분이 간첩으로 감옥에 있다는데 겁나지 않으셨어요? 걱정도 많으셨고 겁도 좀 나셨을 수도 있을 것 같은데…."

"왜 생각이 많지 않았겠어요. 하지만 그렇게 겁나고 그렇지는 않았어요. 사랑하는 여자와 결혼하는 것이니 얼마든지 감당할 수 있다고 생각했지요."

사람 좋아 보이는 손명숙 씨의 남편은 선한 얼굴로 선선히 말하였다.

"당시로서는 정말 쉽지 않은 일이었을 것인데… 정말 대단하시네요."

'정말 이런 사람도 있구나' 하는 마음에 놀라고 있을 때 손명숙 씨의 말소리가 들려왔다.

"아버지가 출감하신 지 28년이 되었거든요. 그런데도 어제 일처럼 아버지 계시던 교도소 주소와 수감번호를 기억하고 있어요. 잊히지 않네요. 대전시 중촌동 1번지… 수감번호가 3965번이었어요. 이 번호가 이제는 뼈에 새겨져 집 보안키라든가 비밀번호를 쓸 때가 있으면 저절로 이 번호를 누르게 돼요. 3965 하고 말이에요…."

이야기를 나누는 동안 손명숙 씨의 다소 딱딱하게 굳었던 표정은 부드럽게 풀어지고 안색도 많이 편안해져 있었다. 마음 깊은 곳에 묻어두기만 하였던 이야기들을 털어내며 마음 한구석에 남아 있던 체증이 풀리고 있는 것처럼 보였다.

그날 밤 지나는 바람에 민박집 창문이 간간이 흔들렸다. 나는 깊어가는 밤 내내 잠들지 못하고 뒤척였다. 출소한 지 28년이나 지났는데도 아버지의 수감번호 '3965'가 잊히지 않는다는 이야기가 가슴에 남아 웅웅거리고 있었다. 그것은 마치 울릉도 바다가 밤새 토해내는 노랫소리 같기도 하고 사람들에게 내몰리고 세상에 쫓겨 살던 어린 손명숙 씨가 토해내는 울음소리 같기도 했다. 밤 내내 울릉도는 그렇게 노래하고 그렇게 울었다.

울릉도에 들어온 둘째 날 아침, 함께 들어온 사진가 오재원 씨와 나는 지금은 '울릉도둘레길'이라고 부르는 옛길을 걷기로 하였다. 나리분지까지 가볼 생각이었다. 지금은 도로가 놓여 있으나 70년대에는 울릉읍과 북면을 잇는 유일한 길이었다. 선생은 그 길을 따라 울릉읍과 북면을 오고갔다. 선생뿐 아니라 모든 사람들이 이 길을 따라 오고갔다. 그 길을 따라 걸어보고 싶었다.

내수전 일출전망대에서 오랜 세월 울릉읍과 북면을 이어주던 옛길로 걸어 들어갔다. 숲 사이로 난 길은 아늑했고 산자락을 따라

난 길은 따스했다. 산길마다 나뭇잎 사이로 들어온 봄 햇살로 가득했다. 봄을 맞은 숲은 충만한 생명력으로 싱그러웠다. 살을 에는 모진 겨울바람을 이겨내고 봄을 맞는 설렘이 바다에서 불어오는 선선한 바람을 따라 일렁이고 있었다. 그 오랜 기다림으로 인한 설렘 가득한 숲과 달리 산길은 지나는 이 없어 조용하고 고요했다. 발걸음 소리, 바람 소리, 흔들리는 나뭇잎과 풀잎들의 소리만 들려올 뿐이었다. 산길 끼고 잇는 산자락마다 여우꼬리사초 가득했다. 울릉도에서만 자라는 풀이다. 가는 풀잎의 끝에 수술 같은 것이 달려있어 붙은 이름인 것 같았다. 바람에 풀잎 흔들리고 있었다. 숲 출렁이고 길 흐르는 것 같았다. 풀이야말로 진정한 산의 주인이며 생명의 바탕이다. 풀이 없다면 토사 흘러내려 산은 이내 형체를 잃어버리게 될 것이고 깃들어 사는 모든 생명들은 삶의 터전을 잃어버리게 될 것이다. 그런 의미에서 보면 풀은 확실히 민중들을 닮았다. 아니 민중들이 풀을 닮았다. 그래서 민초民草라는 말이 생겨났으리라. 참된 주인이면서도 외면당하고 버림받는 것 또한 꼭 닮았으니 말이다.

이어진 길을 따라 걷다 보니 섬 가까이 바다 위에 작은 섬이 보였다. 바다 가운데 우뚝 솟아 있는 것이 마치 환영 같았다. 아름다웠다. 아름다움에 취해 발걸음을 쉬이 뗄 수 없었다. 죽도다. 한 집 두 집 떠나 지금은 단 한 가구가 살고 있다는 섬이다.

'어린 시절에는 뛰어놀기도 하고 사람 없는 해변에서 헤엄치기도 했던 삶의 한 부분이었던 아름다운 섬 죽도가, 어른이 되어 자

신의 삶에 전혀 다른 형태로 끼어들어올지는 꿈에도 생각하지 못했으리라…'

　선생은 저 아름다운 섬 죽도를 거점으로 간첩을 실어날랐다는 터무니없는 죄목으로 긴 세월 옥살이를 해야 했다. 어머니는 충격으로 선생이 옥중에 있을 때 끝내 돌아가셨고 아이들은 학교조차도 제대로 다닐 수 없었다. 중학교밖에 다니지 못한 아이들도 있었다. 시험을 잘 봐도 우등상장을 받지 못하였고, 고등학교를 졸업한 후 공무원 시험에 붙어도 임용이 되지 않았다. 좋은 직장에 취업할 수도 없었다. 아이들이 겪었을 이러한 고통을 생각할 때마다 선생은 지금도 죽어서도 눈을 감지 못할 정도로 미안하고 고통스럽다고 했다.

　산자락 사이사이에 붉은 동백꽃 떨어져 있었다. 간간이 초설이라는 예쁜 이름으로 불리는 마삭줄도 보였다. 지나는 이 없는 산길에 든 낯선 이들의 발소리에 놀랐는지 박새 울음이 더욱 요란스러웠다. 북면으로 들어서 내쳐 걸으니 이내 석포였다. 숲 사이로 이어지던 길은 해안을 따라 이어져 있었다.
　파란 하늘 맑아 눈부셨다. 푸른 바다는 투명하고 깊었다. 바람 세찼다. 걷기 힘들었다. 재킷을 꺼내 입었다. 머리까지 쓴 후 단단히 여몄다. 바다는 일렁이고 출렁였다. 홀로 고기잡이 나가던 배 또한 곧 뒤집어질 듯 흔들리고 있었다. '흔들리는 것이 어디 배뿐이랴… 흔들리는 것이 어디 바다뿐이랴… 흔들리지 않는 삶이 어디 있으며 흔들리지 않고 피는 꽃이 어디 있으랴…' 하고 말하는 것 같았다.

  눈길 닿는 곳마다 기암괴석이었다. 돌아보니 바다 끝 절벽 위에 작은 등대가 보였다. 갈매기들 날고 있었다. 그 모습 아름다웠다. 흘린 눈물이 많은 땅이어서 그런지 그 눈부신 아름다움조차 서글펐다.

끝나지 않은 편지

이성희 선생 이야기

재판을 끝내고 나오는 이성희 선생은 설렘과 흥분으로 들떠 있었지만, 다른 한편으로는 수십 년 세월 동안 그렇게도 벗어나고자 했지만 벗어날 수 없었던 간첩이라는 오명을 이렇게 단시일 내에 벗게 된다는 것이 허망하고 허탈하기도 한 듯했다. 눈은 소년처럼 맑게 빛나고 얼굴은 발그스레하게 상기되고 세월이 담긴 정장 속에 부끄러운 듯 숨어 있는 가슴은 사정없이 뛰고 있었지만 다리는 맥없이 풀리는 것 같았다.

선생은 울릉도간첩단사건의 피고인들 중 제일 처음으로 재심을 청구하였다. 네 번째 재판이 끝났다. 2012년 10월 25일에 열리는 선고공판만이 남아 있었다. 재판이 진행되는 동안 무죄를 주장하는 변호사의 논지에 대해 검사는 다른 어떤 견해도 제시하지 않았다. 다만 공소사실 변경만을 요구하였을 뿐이었다. 북한에 갔다온 것은 사실이니 특수 잠입·탈출[1]에서 일반 잠입·탈출로 변경하겠다는 것이었다. 변호사는 무죄를 주장했다. 북한에 갔다온 것이 사실이라 하더라도 증거라고는 장기간의 불법구금과 고문에 의한 자백밖에 없고, 그러한 정황에서 이루어진 자백은 증거능력이 없으므로 무죄라고 주장하였다. 변호사의 주장이 받아들여질지 검사의 주장이 받아들여질지는 알 수 없지만, 분명한 것은 지난 38년 동안 선생의 마음과 삶을 짓눌러오던 간첩이라는 오명은 벗게 되었다는 것이다. '나는 간첩이 아니다'라고 아무리 부르짖어도 들어주지 않고 떨어져 나가지도 않던 간첩이라는 유신정권이 만들어준 사슬이 불과 네 번의 재판 만에 거짓말처럼 떨어져나가게 된 것이다. 네 번의 재판이라고 해봐야 걸린 시간이라고는 두 시간도 소요되지 않았다. 49세에 체포되어 87세가 된 지금까지, 모든 것을 잃고 살아왔던 이 38년이라는 고통스러웠던 세월을 짓눌러온 그 이름, 결코 사라질 것 같지 않던 간첩이라는 이름이 두 시간도 안 되는 짧은 시간 동안 아침 햇살에 사라지는 물안개처럼 그렇게 사라져가고 있었다. 지난 세월이 거짓이기나 했던 것처럼 허망하고 허탈하기도 했다. 망연하기도 했다. 선생은 다리가 풀린 듯 재판정 앞 벤치에 잠시 앉아 있었다.

---

[1] 국가보안법상 잠입·탈출 조항(6조)은 '반국가단체의 지배하에 있는 지역'을 드나든 것을 문제 삼는 것이다. 단순한 잠입·탈출을 처벌하기 위한 '일반 잠입·탈출'(1항)과 '반국가단체나 그 구성원의 지령을 받거나 받기 위하여 또는 목적 수행을 협의하거나 협의하기 위하여 잠입하는 소위 목적 있는 탈출'을 처벌하기 위한 특수 잠입·탈출(2항)로 나뉜다. 이성희 선생은 1974년 당시 1항의 적용을 받아 사형을 선고받았다. 현재 일반 잠입·탈출의 형량은 5년 미만이다.

1974년 2월 15일 영문도 모른 채 중앙정보부에 끌려갔던 날의 두려움과 끊이지 않고 계속되던 견딜 수 없는 폭력의 공포와 권총을 들이대며 '말 안 들으면 죽이겠다'고 하던 순간의 절망감, 그리고 극심한 구타에 더 이상 저항하지 못하고 죽여달라고 말했을 때의 비참함과 '불러주시는 대로 다 받아쓰겠습니다'라고 말했을 때의 말할 수 없는 자괴감 등 결코 잊히지 않는 그 순간순간들로부터 사형을 선고받던 날의 절망감에 이르기까지 모두 사라지려 하고 있었다. 17년이라는 결코 짧지 않은 세월을 보냈던 감옥에서의 시간들도, 출감 후에도 보안관찰을 받으며 사람들도 만나지 못한 채 고립된 삶을 살아야 했던 외롭고 쓸쓸했던 날들도 모두 영영 사라지려고 하고 있었다.

이렇게 허망할 수 있는가.

이렇게 쉽게 사라져갈 것들로 인해 그리도 고통스러운 삶을 살아왔단 말인가.

선생의 얼굴은 회한으로 가득한 듯했고 마음은 회한과 설렘과 염려와 두려움 등으로 복잡한 듯했다. 선생의 긴 숨소리가 들려왔다.

내가 선생을 만난 것은 2010년 가을 인권의학연구소에서였다. 울릉도간첩단사건의 피해자 몇 사람이 사건 이후 처음으로 모여 서로의 상처를 보듬고 살아왔던 이야기를 나누는 자리였다. 그들 중 일부는 사건 당시 일면식도 없는 처지였기에 재판정에서 처음

만난 이들도 있었다. 한 사건의 피해자로 재판정에 서서 서로의 얼굴을 처음 본 것이다. 출감 이후에도 제각기 자신의 삶을 살아가다가 2, 30년이라는 짧지 않은 세월이 지난 뒤에 처음으로 만났다. 쏟아내고 싶으나 쏟아낼 수 없는 말들이 가슴에서 요동칠 때마다 가슴을 부여잡으며 밤을 지새웠던 날들이었다. 제 가슴 어쩌지 못해 기도로 가슴 쓸어내고 위로하며 지내온 세월이었다. 저마다 가슴에 불을 안고 살아온 세월이었다. 가슴마다 타다 남은 재들이 수북이 쌓여온 날들이었다. 누군가라도 만나 마음의 이야기를 나누고 싶었지만 행여 피해를 줄까 두려워 피해가기만 하던 날들이었다. 몸은 감옥에서 나왔지만 보안관찰은 지속되고 있던 나날이었다.

"출감 후에 통 만나는 사람이 없었어요. 할 수 있는 것도 없고 만날 수 있는 사람도 없었어요. 눈치 안 보고 만날 수 있는 것은 텔레비전밖에 없어요. 심지어는 아들 친구하고도 전화를 하면 했지, 만나지는 않았어요. 그때는 다른 사람들을 못 만나게 했어요. 인제로 이사갔지요. …사람도 안 만나고 눈치도 보지 않으니 오히려 좋았어요. …조용했지요. 낮에는 일하고 집에 오면 텔레비전 보고…. 책도 보기 싫었고요…. 그런대로 지내고 있었지요. 하지만 보안관찰 때문에 좀 시달림을 받았어요. 괴로웠지요…. 형사가 보안관찰 한답시고 수시로 집에 찾아왔어요. 오면 밥을 사줘야 해요. …집으로 오지 않으면 매달 경찰서로 들어오라고 해요.

조서 꾸민다고. 원래 그렇게 안 되어 있거든…. 본인 모르게 감시만 하고 보고서 쓰면 되는 것이에요. 그런데 이놈이 자기 편해지려고 그러질 않았어요. 경찰서에 가서 조서 쓰고 나면 또 밥을 사줘야 했어요…. 그런데 나중에 보니 그 나쁜 놈이 그렇게 못되게 굴더니 칼 맞아 죽었어요. 보안법하고 상관없는 일반 절도범인데, 그 사람 집에 가서 하도 귀찮게 하니까 죽여버렸어요. 그 절도범에게는 안된 일이지만 그 사람 때문에 나는 해방되었지…. 그러고 나서 5년 정도 지난 뒤에 형사가 와서 '한 달에 한 번씩 와서 조서 쓰세요'라고 했어요. 그다음에는 별로 귀찮게 하지 않았어. 그러다가 해제되었지…."

선생은 여든이 훨씬 넘은 나이에도 불구하고 웃을 때면 꼭 어린아이 같았다. 해맑게 웃었다. 다소 부끄러운 듯 상기된 표정으로 환하게 웃곤 하였다. 나는 선생의 어린아이 같은 웃음을 볼 때마다 어떻게 저런 웃음을 웃을 수 있는지, 절망적이고 죽고 싶었을 수십 년의 세월을 살아오면서도 어떻게 저런 웃음을 지을 수 있는지, 어떻게 잃어버리지 않을 수 있는지 궁금했다.

나는 선생이 살고 있는 인제로 향했다. 2011년 3월 모진 겨울 지나온 햇살 따스했던 봄날이었다. 햇살 화사하게 부서지는 차창 밖은 우리가 살아가고 있는 세상이 아니라 전혀 다른 세상 같았다. 햇살과 바람과 구름도 다르게 보이고, 하늘과 땅도 다르게 보였다.

도로 곁 산자락에 깃든 풀잎들도 달라 보이고 불과 며칠 전에 심은 듯 보이는 어린 묘목들도 다르게 보였다. 그들이 살아가는 세상 또한 다르게 보였다. 그들 모두는 제각기 제 갈 길로 가고 자신의 삶을 살아가면서도 서로를 살리고 있었다. 서로를 살릴 뿐 아니라 새로운 생명들을 품어 키워내고 있었다. 하늘은 땅을 살리고 땅은 하늘의 기운을 돌려보내고 있었다. 햇살과 바람은 나뭇잎이 되기도 하고 풀잎이 되기도 하고 있었다.

전화벨 소리가 울렸다. 벌써 여러 번 전화벨이 울리고 있었다. 참으로 오랜만에 찾아오는 손님을 맞으며 다소 설레고 흥분해 계셨다. 어쩌면 인제로 내려가신 후 처음 맞는 손님인지도 몰랐다. 전화하실 때마다 '몇 시 차표를 끊으셨냐?', '차를 타셨냐?', '몇 시간 걸린다', '어디까지 오셨느냐?', '한 시간 정도 더 오셔야 한다', '터미널에서 기다리겠다'는 등 새로운 것들을 묻고 또 말씀하시곤 하였다. 죽었다던 아들 살아 돌아온다는 소식을 듣고 기다리는 마음이 이러할까. 마음 애잔해 창밖을 내다보곤 하였다. 창가에 눈물 어리곤 하였다. 옆자리 비어 있어 다행이었다.

버스가 인제터미널에 들어서고 있었다. 버스가 채 멈추기도 전에 선생의 얼굴이 차창 밖으로 보였다. 나를 먼저 발견한 선생이 맑게 웃으며 손을 흔들었다. 수십 년 만에 보는 자식을 만나는 듯했다. 반가움으로 환하게 웃고 있었다. 선생의 웃는 얼굴을 보며 나는 자꾸 눈물이 났다. 눈물 애써 지우며 버스에서 내리니 선생이 안을 듯이 다가섰다. 손을 덥석 잡았다. 사모님과 함께였다.
"어서 오세요. 오시느라 고생하셨어요. 우리 내자예요."
부인 역시 선생과 함께 그 고단하고 힘들었던 세월을 견디었다는 것이 믿기지 않을 정도로 단아하고 기품이 있었다. 겨울 초입 이른 새벽 장독대에 내린 눈처럼 세월이 곱게 내려앉은 듯했다. 세월의 흔적은 주름 가에만 남아 있을 뿐이었다. 고운 얼굴이었다. 미소가 고왔다.
"식사하러 가세요. 식당 잡아놨어요. 우리가 자주 가는 식당이 있어요."
선생은 함께 걸어가는 내내 쾌활했다. 즐거워하고 행복해했다. 서둘러 찾아오지 못한 마음이 못내 송구해 자꾸 발걸음이 늦어졌다. 식당에서도 선생은 유쾌하기 그지없었다. 오랫동안 갖고 싶었던 선물을 자랑하고 싶어하는 아이들처럼 우리를 소개하곤 했다.
"우리집에 오신 손님이에요."
"작가 선생님인데… 목사님이에요."
"서울서 오셨어요."
식당 주인과 끊임없이 이야기를 주고받으면서도 음식을 우리에게 권하시느라 바빴다. 집은 식당에서 멀지 않은 곳에 있었다. 도시와 달리 높은 빌딩이 없는 마을은 안온하고 평온했다. 느린 걸음으로 조금 걸었을 뿐인데 이내 집이었다.

집은 정갈하게 정돈되어 있었다. 차 한잔 나눌 사이도 없이 선생은 지나온 세월을 그대로 담고 있는 사진첩도 꺼내놓고, 교도소에 갇혀 있을 때 부인과 주고받았던 편지들도 펼쳐 보였다. 어제 쓴 편지들처럼 잘 보관되어 있었다. 한 권으로 묶여 있는 편지들도 있었다. 묶인 책을 열어 편지를 읽었다. 부인이 보낸 편지들을 책처럼 예쁘게 묶어놓고 있었다.

사랑하는 아빠

그동안이라도 건강하신지요?

저는 그날 고속버스로 바로 귀가하였습니다.

오랜만의 재회는 짧은 시간이 원망스러우며 착잡한 심경 또한
말할 수 없었지만 저에게 주어진 최대의 보람과 기쁨이었습니다.

빠져들어가는 듯한 절망과 아픔도 시간과 함께 엷어지겠지요.

그간의 무서운 시련은 우리 둘이 함께 다 겪었으니

기왕 잃은 것은 잊고

내일을 위해 최선을 다하는 것이 우리의 남은 과제겠지요

(중략)

오늘은 우리의 결혼 24돌이 되는 날이네요.

행복했던 지난 날을 몇 년 몇십 년이 걸려도 반드시 도로 찾아요.

부디 절망하지 말고 담대한 마음으로 밝은 날을 기다립시다.

'바람과 함께 사라지다'에서 스카레트 오하라도 말했지 않아요.

'내일에는 내일의 태양이 다시 뜬다'고요.

부디 건강관리에 유념해주세요.

그것만이 아빠가 저에게 할 수 있는 일입니다.

(하략)

1975년 5월 6일

아빠의 영주 올림

간첩이 되어 옥에 갇혀 있는 남편에게 쓴 편지라고는 믿기지 않을 정도로 정갈하고 애틋했다. 조금의 원망이나 한탄도 찾을 수 없었다. 교사로서, 대학교수의 아내로서 단란한 가정을 이루고 살아가다 하루아침에 거의 모든 것을 잃어버린 사람의 편지라고는 믿기지 않을 정도로 애틋하고 살뜰했다. 상상할 수도 없었던 시련들을 견디며 지새웠을 원망과 절망의 밤들은 보이지 않고 내일의 희망을 이야기하고 있었다. 자신을 간첩의 부인으로 만들어 사람들로부터 조롱과 멸시를 당하게 만든 남편에 대한 애틋한 사랑 또한 타다 남은 재처럼 사그라지지 않고 오롯이 타오르고 있었다. 바닥 비치는 맑고 깊은 호수에 이는 잔물결처럼 그 사랑이 잔잔하고 아름다웠다.

'아, 이런 사랑도 있구나… 이런 사랑을 다 보는구나…'

나는 그 편지들을 읽고 나서야 비로소 선생이 사람으로서는 감당하기 힘든 그 야만의 세월을 견디는 동안 어떻게 온전히 마음을 지킬 수 있었는지 알 수 있을 것 같았다. 1974년 2월 15일, 광주 미국문화원의 세미나에 참석하기로 되어 있던 날 새벽, 중앙정보부에서 왔다는 세 명의 사람들에게 영문도 모른 채 연행되어 협박, 폭력과 고문으로 간첩이 되고, 사형을 언도받고, 무기수가 되고, 17년 동안 옥살이를 하고, 출감 후에도 20년 가까운 세월 동안 보호관찰을 받으면서도 어떻게 그렇게 해맑은 웃음을 잃어버리지 않을 수 있었는지 이해할 수 있을 것 같았다. 출감 후 제자들이나 가족들에게 상처를 받았을 때 절망으로 자신의 삶을 포기하지 않고 어떻게 지켜낼 수 있었는지 이해할 수 있을 것 같았다. 선생은 출소 후 일 년이라도 강의를 한 후 명예롭게 은퇴하고 싶었으나 그렇게 할 수 없었다. 학교에 남아 있던 제자들조차도 선생이 강의하는 것을 반대하는 사람들이 많았기 때문이었다. 제자들뿐이겠는가. 지금까지 선생을 보지 않는 가족도 있는데 말이다.

선생은 무기징역형[2]을 받은 후 사랑하는 아내를 떠나보내야겠다고 생각했다. 기한 없이 옥살이를 해야 하는 몸으로 아내를 붙들어 두는 것은 염치 없는 짓이라고 생각되었다. 무엇보다 사랑하는 아내를 위해 할 짓이 못 되었다. 아내가 무슨 죄가 있던가. 아내만이

---

2 이성희 선생은 1974년 7월 24일 서울형사지방법원에서 사형을 선고받았다. 이에 항소하여 1974년 12월 9일 서울고등법원에서 무기징역으로 감형되었고, 1975년 4월 8일 상고가 기각되어 형이 확정되었다.

라도 행복해야 한다고 믿었다. 어느 날이었던가. 햇살 따스한 날이었던가. 어두운 구름 낮게 드리운 날이었던가. 한 달에 한 번 오는 면회 날이었던가. 여러 달 만에 찾아온 시간이었던가. 세세히 기억나지 않는다. 그날 선생은 여러 날 잠 못 이루고 고민하며 마음에 담아두었던 말을 아내에게 건넸다. 그날 아내는 말이 없었다. 그저 시선을 떨어뜨려 무릎 위에 가지런히 놓인 다소 거칠어진 손등을 바라보고 있을 뿐이었다. 가끔은 시선을 돌려 세월의 흔적이 남겨져 있는 탁자를 바라보거나 거칠게 파인 홈을 매만질 뿐이었다. 아내는 그렇게 말없이 앉아 있다 돌아갔다. 그런 후 여러 날 지나 편지가 왔다. 편지는 아무 일도 없었다는 듯 평온하기만 했다.

아빠,
기다리고 기다리던 날짜에 비해 너무나도 짧은 시간이었습니다.
아빠와의 만남이 왜 이렇게 아쉽기만 한지….
제가 너무 욕심이 많은가 보지요?
사람의 마음이란 참 야릇한 것이 똑같은 고속버스건만 광주로
내려가는 버스는 느리기만 하더니, 서울로 올라오는 버스는
시속 2000킬로미터나 되는 듯 느껴지더이다.
아는 사람 하나도 없는 광주라는 곳이
이제는 이름만 들어도 반갑기만 하니 말이에요.

(중략)

기다리고 만나고, 만나고 나서 또 기다리다 만나고….
그러다보면 여름도 가을도 지나갈 것이며
몇 번 몇십 번 되풀이하면 우리의 옛날을
다시 찾을 수 있을 것을 저는 확신합니다.

아빠를 떠나 제 갈 길이 어디에 있을까요?

그것은 저를 서글프게 하는 일에 불과해요.
아빠의 마음, 그 진심을 너무나도 잘 알지만
다시는 입 밖에 그런 말 안 낸다고 약속하세요.
저의 모든 것을 아빠는 하나도 빠짐없이 알고 계시면서
그런 말을 어떻게 할 수가 있어요.
그런 말로서 아빠의 마음이 가벼워진다면 얼마든지 하세요.
그러나 인사치레나 하고 위로를 받기에는
우리는 같이 지낸 기간이 너무나도 길어요.
부디 건강관리 잘 하시고…
영양제 잊지 말고 잡수세요.
그럼 또 다음에 안녕….

6월 14일

아빠의 영주

나는 이 편지를 받고 선생의 마음이 어떠했을지 물어보지 않아도 잘 알 수 있었다. 늦은 밤 홀로 몸 웅크려 누워 얼마나 흐느껴 울었을지 잘 알 수 있었다. 그 밤 얼마나 어깨 들썩이며 눈물 흘리고 또 얼마나 어깨 들썩이며 웃었을지 잘 알 수 있었다. 이 두 사람이 얼마나 깊은 사랑을 나누며 살아왔는지 잘 알 수 있을 것 같았다. 부인의 이야기가 나올 때마다 "나는 이 사람에게 꼼짝 못 해요"라고 말하던 선생의 말이 그저 인사말이 아니었다는 것을 온몸으로 느낄 수 있었다. "난 이 사람에게 미안하지요. 미안한 것 천지예요"라고 말하면서도 설레고 달뜬 표정을 짓곤 하던 선생의 모습 또한 이해할 수 있을 것 같았다.

'이런 사랑이 있었으니 자살하지 않을 수 있었으리라…'

선생은 중앙정보부에서 수사를 받는 과정에서 죽음을 생각하였었다. 자살을 생각하고 적당한 때에 실행에 옮기겠다고 결심하고 있었다. 체포될 당시 선생은 전북대학교 수의학과 교수이며 교무처장이었다. 그뿐인가. 젊은 나이였는데도 문교부에서는 선생을 차기 총장으로 거론하였고, 선생의 거듭된 사양에도 불구하고 거의 내정하다시피 하였다. 그러한 인생 최고의 날들 속에서 어느 날 갑자기 나락으로 떨어진 것이다. 체포되고 고문에 못 이겨 수사관들이 불러준 자술서에 지장을 찍고 간첩이 된 것이었다. 1심에서는 사형을 받았고 2심에서는 무기형을 받았다. 어찌 고문의 고통이 아니더라도 죽음을 생각해보지 않았겠는가. 어찌 자살을 생각해보지 않았겠는가.

"죽고 싶었지요. 기회를 봐서 자살해야겠다고 생각했지요. 내가 자살을 생각하게 된 것은 단지 고문 때문만은 아니었어요. 물론 폭력과 고문을 견딜 수 없어 '죽여달라'고 애원하기도 하였지요. 하지만 내가 자살해야겠다고 생각한 가장 본질적인 이유는 수사를 받는 동안 '나는 살길이 없겠구나. 결국 죽겠구나. 틀림없이 사형당하겠구나' 하고 생각하게 되었기 때문이지요. 수사관들이 내가 그렇게 생각하도록 만들었다고 해야겠지요. 수사 과정에서 수사관들이 되풀이해서 한 말이 있어요. '당신은 김규남, 박노수와 범죄 스타일이 똑같아. 그러니 당신은 사형당할 게 틀림없어. 그러니 어차피 사형당할 건데, 괜히 고생하지 말고 순순히 털어놓는 게 좋을 걸'이라고 말하곤 했지요. 자꾸 듣다보니 정말 그렇게 될 것이라고 생각하게 되었어요. 그 사람들도 사형을 당했으니 말이에요."

김규남, 박노수 사건이란 1969년 6월 11일 서울지검 공안부가 발표한 유럽 거점 간첩단 사건이었다. 관련자 33명 중 전 국회의원 김규남과 진보적인 경제학자였던 박노수가 사형 판결을 받았고, 18명이 국가보안법, 반공법 위반과 간첩죄 등의 적용을 받아 구속된 사건이었다.[3] 이 사건을 알고 있던 선생은 점점 자신도 살아나기 어려

---

3   김규남은 1972년 7월 13일, 박노수는 같은 해 7월 30일에 각각 사형 집행되었다. 참으로 어이없는 것은 재심 개시 심리 도중에 사형이 집행되었다는 것이다. 야만적이라고도 할 수 없는 일들이 아무렇지도 않게 벌어지던 참혹한 시대였다. 야만의 시대라도 그렇게까지 할 수 있었겠는가.

울 것이라는 생각을 하게 되었던 것이다.

    선생이 연행되어 중앙정보부 전주분실에 들어가던 날부터 구타가 시작되었다. 따귀를 때리고 머리를 때리면서 모욕감을 주었고 다음날 새벽에는 몽둥이로 온몸을 사정없이 구타하였다. 그렇게 맞으면서 하루가 시작되었다. 그런 중에 권총을 꺼내 겨냥하면서 "사실대로 이야기하면 학생들 눈치채지 못하게 풀어주겠지만 그렇지 않으면 죽을 수도 있다"고 협박을 하곤 하였다. 권총의 위협보다 선생을 가장 두렵게 만들었던 것은 옆방에서 계속해서 들려오는 여자의 비명소리였다. '아내가 잡혀와 당하고 있는 것이 아닌가?' 하는 생각으로 두렵고 떨렸다.

    그렇게 전주분실에서의 고문이 채 끝나기도 전에 선생은 남산분실로 이송되어 다시 조사받고 고문당했다. 남산으로 이송된 후 처음에는 선생이 일본 유학 시절 물심양면으로 도와주었던 이리농림학교 2년 후배인 이좌영[4]에 대해 물을 뿐 선생이 북한에 다녀

---

[4] 이좌영 선생은 재일한국인으로 '전 재일한국인 정치범을 구원하는 가족·교포회 회장'을 역임했다. 중앙정보부는 그를 조총련 소속으로 북한의 지령을 받아 활동하는 간첩으로 발표하였지만 그가 조총련 소속이라는 증거는 어디에도 없다. 증언조차도 없다. 그가 조총련 소속이었다면 사건 이전에 남한에 자유롭게 드나들지 못했을 것이다. 당시 조총련 소속 교포들은 남한을 자유롭게 드나들 수 없었다. 하지만 이좌영은 기업인으로서 남한을 자유롭게 드나들었다. 그는 조총련 소속이 아니라 거류민단 소속이었다. 다만 이좌영은 박정희나 유신에 대해서는 철저히 비판적이었다. 반대운동을 했다. 중앙정보부는 그런 이좌영을 울릉도간첩단사건의 수뇌 인물로 발표하였다. 그러고는 이좌영을 간첩으로 엮기 위해 아무런 상관도 없는 울릉도와 일본 연수생, 유학생 등을 무리하게 엮어 울릉도간첩단사건을 만들어낸 것이다.

온 일에 대해서는 일체 말이 없었다. 중앙정보부에서는 선생이 북한에 다녀온 것을 모르고 있었다. 선생이 북한에 다녀왔다는 것을 말한 사람은 믿기 어렵지만 선생 자신이었다. 되풀이되는 조사 과정에서 자신이 조총련 소속이며 북한의 지령을 받아 활동하는 간첩인 이좌영에게 포섭되었다는 식의 추궁을 받고 오해받는 것이 두려워, 자신은 그런 사람이 아니라는 것을 밝히기 위해 제 입으로 말하였다.

"내가 북한을 다녀온 적이 있습니다. 이는 분단 조국의 지식인으로서 순전히 통일을 위한 충정으로, 조국을 사랑해서, 통일에 조금이나마 도움이 되고자 하는 마음에서 한 것이지, 이좌영이나 누구의 말을 듣고 한 것이 아닙니다. 나는 다른 사람의 말을 듣고 행동하는 사람이 아닙니다."

선생은 자신의 마음을 이해해주기를 간절히 바라는 마음으로 말했다. 자긍심을 담아 당당하게 말하려고 애쓰며 말하였다. 그렇게 말하면 자신의 진심이 통할지도 모른다고 생각했던 것이었다. 하지만 그의 기대는 단번에 허물어졌다. 그때부터 오히려 수사와 고문의 강도가 높아졌다. 바닥에 장작을 깔고 무릎을 꿇고 앉게 한 뒤 야전침대에서 각목을 빼내어 사정없이 온몸을 때렸다. 정신을 잃으면 잃었다고 때리고 정신을 차리면 차렸다고 때렸다. 그렇게 때리다 지치면 이번에는 없는 난수표와 무전기를 내놓으라며 또 때렸다.

"당시에 내가 북한에 다녀왔다는 말을 하지 않았더라면 이렇게 큰 문제가 되지 않았을지도 모르지요. 수사관들은 내가 북한에 다녀온 것을 몰랐으니까요. 그런데 내가 중앙정보부의 의도를 모르고 순진하게 말한 것이지요. 지식인의 양심에 따라 통일을 위해 북한에 다녀왔다고 하면 이해해줄 것이라고 생각했지요. 그때부터는 이좌영에 대해서는 묻지 않고 저에 대해서만 묻기 시작했어요. 북한에 가서 뭘 했느냐? 어떻게 갔느냐? 누구를 만났느냐? 노동당에 입당했지? 무슨 지령을 받았느냐? 난수표와 무전기를 내놓아라. …끝이 없었지요. 너무나 순진했어요. 북한에 갔다왔다고 해서 간첩을 만들 줄은 정말 몰랐어요…. 그런 과정 속에서 자술서를 쓰고 또 썼지요. 처음에는 혼자 썼지만 나중에는 수사관들이 들어와 어떤 내용으로 채울 것인지 하나씩 요구하기 시작했어요. 아홉 번째 자술서를 쓸 때는 '불러주시는 대로 받아쓰겠습니다'라고 말했지요. '살아날 수 없겠구나…' 하고 생각했지요. 이렇게 참혹하게 죽느니 차라리 자살하는 것이 낫겠다는 생각도 하게 되었지요."

선생은 검찰에 송치된 후 처음에는 자신이 하지 않은 것은 '하지 않았다'고 검사 앞에서 부인하였지만, 나중에는 '검사님 뜻대로 조서를 꾸미십시오. 검사님 뜻대로 재판이 잘 진행되도록 협조하겠습니다'라고 말하였다. 그리고 검사가 내미는 공소장을 읽어보지도 않고 무인을 찍었다. 자살을 생각하고 있었기 때문이었다. 그랬기 때문에 검찰로 송치된 초기에 아내의 면회 요청도 거절하였다.

"아내의 면회 요청을 거절하고 며칠 지난 어느 날이었어요. 검사가 불러내서 가보니 아내가 와 있더군요. 제게서 이상한 낌새를 눈치챈 검사가 저를 설득하라고 아내를 부른 것이었어요. 구속되고 나서 첫 만남이었지요. 참 저도 모질었어요. 저 자신이 힘든 것밖에 생각하지 못했던 것 같아요. 아내에게 말했지요.

'여기서 고생하지 말고 애들 데리고 미국으로 이민 가요.'

아내가 한참을 말없이 앉아 있더니 말을 합디다.

'만약 당신이 생을 포기한다면, 큰애, 둘째애는 생활 능력이 있으니 그대로 남겨두고 셋째를 데리고 당신을 따를 것이니 알아서 하세요.'

그때 퍼뜩 정신이 들었어요. '자살을 하면 안 되겠구나' 하고 생각했지요. 그때 자살하겠다는 생각을 버렸어요. '어떻게 해서든 사형만은 면해서 살 궁리를 해야겠구나' 하고 생각을 고쳤지요. 그후 재판 과정에서 시인할 것은 시인하였지만 내가 하지 않은 것은 하지 않았다고, 사실이 아닌 것은 사실이 아니라고 완강히 부인하였지요. 집사람 때문에 자살에 대한 생각도 포기하고 다시 살아야겠다고 생각했어요. 그렇게 완강하게 부인한 결과였는지는 정확히 알 수 없으나… 1심에서 받았던 사형이 2심에서는 무기징역형으로 떨어졌어요. 저뿐 아니라 관련자들이 완강하게 부인하니까 검사도 공소유지가 어렵다고 판단된 부분은 취하했어요. 국가보안법 3조 1항인 반국가단체 구성과 가입에 대한 부분에 대해 공소를 취하했어요. 그래서 국가보안법이 아니라 형법 98조 간첩죄가 적용되어 무기징역으로 감형되었어요. 사형은 면한 것이지요."

"그런데 선생님… 한 가지 선뜻 이해 안 가는 것이 있어요. 당시 일본에서야 북한에 가는 것이 그다지 이상하거나 어려운 일이 아니었다고 할지라도 남한의 상황은 그렇지 않았잖아요. 잘 아셨을 것 아니에요? 그런 위험 요인을 감수하고서라도 왜 북한에 가셨어요? 아니 이렇게 물어보는 게 좋겠네요. 왜 북한에 가보시고 싶었어요? 무엇을 확인하고 싶으셨어요?"

"물론 알았지요…. 하지만 사실 그때는 그렇게까지 심각하게 생각하지도 않았어요…. 또 분단된 나라의 지식인으로서 통일에 대해 관심을 가지는 것은 당연한 것이기도 했고… 해방 후의 우리 사회를 보며 정말 갈등이 많았지요. …해방 후 미군의 진주는 우리나라의 건국을 돕고 후원하는 것보다는 점령군으로 온 것처럼 보였어요. 그 당시 적어도 내 눈에는 그렇게 보였어요…. 미국은 이승만을 앞세우고 철저한 종미정책을 쓰도록 하였지요. 그러한 결과로 나타난 것이 여운형 선생의 암살, 김구 선생의 암살, 김구 선생이 남북 협상하려는 것을 방해하는 등 한두 가지가 아니잖아요. 이승만의 남한 단독정부의 수립 등 내 눈에는 이승만의 종미적 행동이 너무나도 뚜렷하게 비쳐졌어요. 그것뿐이 아니에요. 해방 후에 일제의 잔재인 친일파 청산을 무산시킨 것은 정말 내게는 너무나 큰 충격이었어요. 견딜 수 없는 마음의 상처를 입었지요. 이런 와중에 이승만의 친미정권은 수립되었고, 민주주의에 대한 열망이 4·19로 드러났지만, 곧 박정희 군사쿠데타로 무너지고… 박정희의 반공 정부가 들어섰잖아요. 싫든 좋든 철저한 반공 교육을 받아가며 사회생활을 할 수밖에 별 도리가 없었지요.

그러한 상황 속에서 적응하며 살아가다가 내 마음을 깊은 곳에서부터 사정없이 흔들어놓은 몇 가지 일들을 만나게 되었어요. 그로 인해 북한에 한 번은 가봐야겠다는 생각을 갖게 되었지요. 처음에는 김일성에 관한 것 때문에 놀랐지요. 남한에서 반공 교육을 받을 때 북한은 소련의 괴뢰정권이고 김일성은 소련군 출신의 장교로 김성주라고 하는 사람이지 결코 진짜 김일성은 아니라고 배웠어요. 진짜 김일성은 해방 전 일본군을 상대로 혁혁한 공을 세운 빨치산의 영웅이라고 알고 있었지요. 그런데 64년에 일본 유학을 가서 지내다 우연한 기회에 문헌을 접했는데 김일성이 가짜 김일성인 김성주가 아니고 진짜 김일성이라는 것이었어요. 놀랐지요. 충격적이었어요. 한데 더 놀랍고 충격적이었던 것은 김일성이 이승만에게 제의했다는 내용이었어요. 이 또한 문헌에서 발견한 것이에요. 남과 북의 양 정부는 군대를 각각 10만으로 줄이자는 것이었어요. 10만의 군대로는 전쟁을 할 수 없는 경비 병력 정도의 수준이라는 것이었어요. 그런데 이승만은 김일성의 제안을 묵살했다는 내용이었지요. 저는 이 문헌을 접하고 심한 충격을 받았지요. 이 외에도 충격적이고 놀라운 사실이 또 있었어요. 6·25전쟁이 끝나고 중공군은 정전협정을 체결한 후 곧바로 북한에 한 명의 군대도 남기지 않고 모두 철수했다는 사실을 알게 된 것이지요. 모택동의 아들이 참전

해서 전사한 전쟁이었음에도 불구하고 깨끗이 철수한 것이에요. 지금은 아무것도 아니라고 말할 수 있지만 당시의 저는 정말 충격적이었어요. 당시에는 그런 생각이 절로 들었지요. '미국은 어찌하여 정전협정에 도장을 찍고도 지금까지 군대를 철수시키지 않고 있는 것일까?' 하고 말이에요. 이런 현상들을 보며 한반도에서의 미국의 역할에 대해 진지하게 고민하게 되었어요.

'미국이 진정 한국을 위해, 우리나라 국민들을 보호하기 위해서 하는 짓일까?'

진정 한국인이라면 깊이 고민해볼 만한 사건으로 생각되었어요. 언젠가 한번 북한에 갈 수 있다면 이런 이야기들을 확인도 해보고 토론도 해보고 싶었어요. 통일은 해야 할 것 아니에요? …이런 다소 심각한 주제 말고도 확인해보고 싶은 것이 있었지요. 일본에서 우연한 기회에 북한의 시가 행렬을 담은 기록영화를 본 적이 있었어요. 그런데 남한에서는 도저히 볼 수 없고 이해하기도 힘든 광경이 있었어요. 사열대가 지나가는 것을 환영하기 위해 국기를 들고 연도에 나와 있던 여인들이 김 주석이 나타나자 눈물을 흘리면서 환영했어요. 가식이 아니라 진정성이 느껴졌어요. 남한에서는 한 번도 본 일이 없었던 장면이에요. 정말로 그렇게 존경하고 있는지, 왜 그런지 알고 싶었지요. 그래서 기회가 된다면 한번 가보고 싶은 마음이 있었지요. 또 당시에는 북한이 남한보다 훨씬 잘살았거든요. 그런 것도 확인해보고 싶었어요. 그래서 갔지요."

선생은 1967년 10월 말경 입북하여 3박4일 동안 머물렀다. 북한에서는 박사학위를 가진 교수라는 직위 때문이었는지 선생을 극진하게 대접하였다. 청진항에 도착한 후 청진비행장으로 이동한 후 쌍발비행기를 탔다. 대동강변 초대소에 짐을 풀고 다음날부터 안내에 따라 관광을 하였다. 혁명박물관, 김일성 생가와 몇 군데를 더 돌아본 후 시외로 나가 남포제철소, 시범농촌 트랙터 공장 등을 견학하고 전쟁희생자묘지에도 들렀다. 3일째 되던 날 저녁 선생은 대동강변의 부벽루 아래에 있는 내각초대소로 안내되었다. 부벽루와 대동강의 풍경이 아름다운 곳이었다. 선생은 그곳에서 김일 제1부수상을 만났다. 선생은 평소의 바람처럼 김일 부수상을 만났을 때 묻고 싶었던 말을 묻고, 하고 싶은 말을 하였다. 통일에 대한 이야기도 나누었다. 김일 부수상은 미군의 철수만이 통일을 이룰 수 있는 길이라고 말하였다. 이에 선생은 김일 부수상에게 "지금도 남한 학생들이 반정부 시위도 하지만 미군을 반대하지는 않는다. 맥아더 장군 동상 앞에 가서 꽃다발을 바치고 시위를 하는 형편이다. 남한 군중이 미군 철수를 원하고 있지 않다"고 말하였다. 또한 간첩을 보내지 말 것을 요구했다. "지금 남한에 공작원을 보내봐야 성공할 수 없다. 귀한 젊은이들의 목숨만 잃어버리는 일이다. 6·25전쟁으로 인해 지금 남한에서 북한을 편들 사람도 거의 없다. 가족도 남파공작원을 경찰에 신고하고 있다. 이런 현실에 공작원을 보내는 것이 무슨 의미가 있는가. 그러니 그런 짓을 하지 마시라"고 말하였다.

선생의 3박4일간의 북한 여행은 이렇게 끝났다. 그리고 이 여행으로 말미암아 선생의 삶은 곤두박질치게 되었다. 선생은 일본으로 돌아온 후 곧바로 귀국길에 올랐다.

선생은 중앙정보부에 끌려가 조사를 받는 과정에서도 김일 부수상을 만난 것을 말하였다. 수사기관은 이 사실을 잘 활용하여 조작간첩 사건을 그럴듯하게 만드는 데에 사용하였다. 1972년 3월 15일 울릉도간첩단사건을 발표한 중앙정보부는 선생을 북한의 부수상이 영접할 정도의 거물 간첩으로 만들어놓았다.

이로 인해 인생의 황금기에 있던 49세의 전북대학교 수의학과 교수는 모든 것을 다 잃고 사형수가 되었다. 가족공동체는 완전히 분해되었다. 파괴되었다. 간암을 앓고 있던 둘째아들은 충격 때문이었는지 급속히 병이 진행되더니 숨을 거두었다. 아버지를 이해하는 마음을 유일하게 드러내 보인 아들이었다. 재판이 끝난 후 아픈 몸에 의지해 면회 온 날 아픈 둘째아들은 "나도 아빠 같은 마음이라면 북한에 갔을 것 같아요…"라고 말하며 아버지를 위로해주었다. 그 아들이 먼저 떠났던 것이다. 견딜 수 없는 삶의 고통들이 연이어 밀려왔다. 분단된 나라의 한쪽에 살고 있는 양심적 지식인이 치러야 할 대가라고 넘어가기에는 너무 컸다. 삶은 완전히 무너졌고 마음은 피폐해졌다. 상처 입은 가족들은 더 이상 서로를 가까이할 수 없었고 스스로를 자신이 만들어놓은 두려움의 감옥 속에 가둬버렸다. 선생만 감옥에 갇혔던 것이 아니라 가족들 모두 마음에 만들어놓은 감옥에 갇혀 살았던 것이다. 선생 역시 어느 누구와도 그의 절망적이었던 마음을 나눌 수 없었다. 위로받을 수도 없었다. '사실은 그런 것이 아니다'라고 가족들을 향해 말할 기회조차 온전히 가져보지 못하였다. 아내의 헌신적인 사랑이 아니었다면 선생은 아마도 스스로 생명을 내놓았을 것임에 틀림없었다.

사건이 일어나자 한때는 자랑이었을 선생을 문중에서도 외면하였다. 선생의 부인은 전주의 집을 팔아 작은 집으로 이사를 하고, 변호사 비용을 대고, 선생의 퇴직금으로 생활을 했다. 오빠의 도움으로 근근이 생계를 유지하며 살아갈 수 있었다. 부인 역시 이전과는 전혀 달라진 삶을 받아들여야 했다. 친구 집에도 갈 수 없었다. 친구의 남편이 '간첩 부인이 왜 우리 집에 오느냐?'고 타박을 하였기 때문이었다. 부인은 살아가기 위해 4평짜리 조그만 가게를 얻어 분식점을 열었다. 우동도 팔고 라면도 팔았다.

부인은 다소 상기된 얼굴로 이야기를 풀어놓고 있는 선생에게서 조금 떨어져 앉은 채 말이 없었다. 다소곳이 앉은 그 모습이 그림자 같기도 하고 바위 같기도 했다. 풀 같기도 하고 바람 같기도 했다. 눈물 어린 것 같기도 하고 설렘으로 달뜬 것 같기도 하였다. 집의 일부인 듯 조용히 머물러 있으면서도 때로 눈부시게 빛나고 있었다.

산책을 나갔다. 비 내리고 있었다. 고단했던 세월 지나는 동안 입었던 상처들을 씻어주려는 듯 봄비 부슬부슬 내리고 있었다. 구름 가득한 하늘은 낮게 드리워 아파트 끝에 걸려 있는 듯했다.

"선생님, 비 내리는 탓인지 하늘이 참 가까워졌어요. 아파트 끝에 걸린 것 같아요."

"그러게요…."

우리는 아이들처럼 낄낄 웃으며 걸었다. 여민 옷깃 사이로 바람 불어왔다. 실내에만 있었던 탓인지 바람 시원했다. 우산을 펼쳐 들었다. 함께 우산을 썼다. 팔꿈치로 전해지는 선생의 몸은 가냘팠다. 바람 세차게 불어오면 쓰러질 것 같았다. 우리는 팔짱을 단단히 낀 채 동네를 한 바퀴 돌았다. 골목을 걸을 때면 사람들 들으라는 듯 큰 소리로 떠들며 걸었다.

그렇게 동네를 휘휘 돌고 나서 선생을 동네 어귀에 세워놓고 버스를 탔다. 못내 아쉬워하는 선생에게 들어가시라고 손을 수십 번이나 내저었건만 선생은 끝내 버스가 떠날 때까지 그 자리에 서 계셨다. 버스는 서울을 향했다. 내리던 비는 그쳤고 날씨는 다소 쌀쌀했다. 더욱 낮아진 하늘은 차창에도 걸릴 듯 가까웠다. 바람에 나뭇가지들 흔들리고 있었다. 내 마음도 흔들리고 있었다. 재판정에서 했다는 선생의 말이 마음에 남아 있었다. 맴돌며 떠나지 않고 있었다.

분단된 조국에 태어나 분단을 그대로 남겨두고 가는 것은
죄입니다. 분단의 땅에 태어났으면 통일을 위해 노력해야 합니다.
우리의 후손들에게 서로를 죽고 죽이는 이 시대를 그대로
물려줄 수는 없습니다. 그것은 민족 앞에 큰 죄입니다.
그래서….

* 2012년 11월 22일, 서울고법 형사2부(김동오 부장판사)는 22일 이성희 선생에 대한 재심에서 반국가 단체 지역으로의 특수 잠입 탈출, 반국가단체의 지령 수수 여부, 이좌영과의 부분, 군사목적 수행 부분, 반국가단체 구성원과 통신 부분등에 대해 모두 증거 능력이 없음을 인정하여 무죄를 선고하였다. 이로써 이성희 선생은 지난 38년의 세월 동안 그를 짓눌러온 간첩 혐의를 법적으로 벗게 되었다. 다만 일본 유학시절 북한을 방문하였던 것은 사실이므로 일반 잠입.탈출을 적용하여 징역 3년, 자격정지 3년을 선고했다.

햇살 어린 방

최규식 선생 이야기

낮인지 밤인지 알 수 없었다. 며칠이 지났는지 알 수 없었다. 이문동을 거쳐 남산으로 끌려왔다는 것 외에는 알 수 있는 것이 거의 없었다. 여러 날째 잠을 자지 못하고 있었다. 잠시잠깐 혼절했다 깨고 혼절했다 깨는 것이 전부였다. 몸은 만신창이가 되었고 정신은 혼미했다. 며칠이나 지났을까. 온몸이 견딜 수 없이 고통스러웠다. 끌려온 이후로 계속해서 각목으로 맞은 몸은 구석구석 아우성치고 있었다. 때리다 지치면 각목을 무릎 사이에 끼운 채 무릎을 꿇게 하고는 허벅지를 사정없이 밟았다. 허벅지와 정강이 근육이 한 올 한 올 끊어져나가는 듯했고 피부는 그대로 터져나가는 것 같았다. 일어설 수도 없었다. 비명을 지르다 혼절을 하면 호스로 물을 뿌렸다.

"너 이 새끼, 말을 하란 말이야! 네 아버지도 사상이 불순했지? 좌익이었지? 그런 새끼가 왜 공화당에 들어갔어? 무슨 목적이 있을 거 아냐? 네가 전라북도 부안·고창 7지구당 부위원장이잖아! 그것도 수석이야! 북한의 도움 없이 어떻게 그렇게 높은 자리까지 올라갈 수 있었겠어? 똑바로 말하란 말이야, 새끼야!"

  선생은 아버지가 젊은 날 하신 일들을 잘 알지 못했지만 민족운동을 하셨던 것으로 기억하고 있었다. 때로 아버지는 적지 않은 날들을 집을 떠나 계셨다. 어렸을 때는 잘 몰랐다. 아버지는 친척들의 도움을 받아 몸을 피하시곤 하셨던 것이다. 집에 계실 때면 아버지는 아침마다 형제들을 불러놓고 일본어로 된 동양 역사책을 보이시며 역사 이야기를 해주시곤 하였다. 특히 5·4운동 등 중국에 대한 이야기를 많이 들려주시곤 하였다. 논에 나가 일할 때에도 아버지는 가난한 농민들의 고단한 삶과 약소민족의 미래를 걱정하시곤 하였다. 그런 아버지의 영향을 받아 선생은 자연히 박정희 정권 시대의 반공사상 등에 대해 의문을 가지고 있었지만, 북한의 지령을 받았다는 식의 말은 정말 가당찮은 것이었다.

  그들은 끊임없이 질문을 하였지만 굳이 대답을 들으려 하는 것 같지도 않았다. 질문에 대한 대답을 듣기 위해 고문을 가하는 것이 아니라 고문을 가하기 위해 질문을 하는 것 같았다. 그들의 질문은 조사라는 이름으로 자행되는 고문을 가리기 위한 치장 같았다. 고문을 하는 과정에서의 통과의례 같았다. 그들은 그들이 원하는 대답의 내용과 어느 정도의 시간이 지나야 그 대답을 얻어낼 수 있는지를 처음부터 정확히 알고 있는 것 같았다. 그들은 서두르지도 않고 그들이 해야 하는 일상적인 일들을 다 하며 고문을 가했다. 사람이 아니라 기계 같았다. 때로 조사를 하려는 것인지 죽이려는 것인지 알 수 없었다. 그들은 질문보다는 협박을 하고 고문을 가했다.

"너 서울대 법대 최종길 교수 알지? 최 교수도 여기서 죽어 나갔어. 왜 죽어 나갔는지 알지? 너 같은 놈은 여기서 죽으면 그걸로 끝이야. 너 이북 세 번 갔다왔다고 만들 수도 있어. 그러니 일찍 항복하는 게 좋아."

그들은 선생을 욕조로 데려가 두 사람이 양 어깨를 잡아 누르며 선생의 얼굴을 물속에 처박았다. 숨을 쉬지 못하는 고통이 발가락 끝의 세포 하나하나에까지 순식간에 전달되었다. 공포가 온몸을 감쌌다. 죽음에 대한 공포였다. 그들은 선생이 혼절하기 직전까지 몰고 갔다. 죽음을 가까이 느끼며 숨을 놓으려는 순간이 되면 어김없이 고개가 욕조 밖으로 들려졌다. 물레방아에 묶인 것처럼 기계적으로 반복되고 되풀이되었다. 선생은 정신을 잃었다. 그들도 지쳤는지 선생을 내버려두었다. 잠시 그렇게 정신을 잃은 채로 잠들었을까. 시간이 얼마나 지났는지 알 수 없었다. 눈을 떴다. 희미하게 그들의 모습이 보였다. 점점 가까이 보였다. 말소리도 들렸다. 정신이 돌아오는지 점점 크고 또렷하게 들려왔다.

"벌써 며칠째 집에도 못 가고… 이게 뭐야?"

"사장 바뀌고 나서 고달프기만 하네요…. 그렇다고 승진될 것도 아니고요."

어디선가 냄새가 풍겨왔다. 어린 시절 먹던 강정 냄새 같기도 하고 들기름 냄새 같기도 하였다. 고소했다. 그들의 모습이 점점 또렷이 보이기 시작했다. 그들은 통닭을 먹고 있었다. 소주를 마시며 불평들을 늘어놓고 있었다. 손가락 하나 뜻대로 움직일 힘이 없었지만 마음 깊은 곳에서 분노가 치솟았다.

'저놈들도 인간이란 말인가?'

그때 처음으로 누군가를 죽이고 싶다는 충동을 느꼈다. 적개심이 일었다.

"아이들은 공부 잘하지?"

"네. 애들이야 건강하고 공부도 잘해요. 큰애는 이제 중학교 들어가는데 반에서는 늘 1등 해요. 3학년짜리 작은계집애는 그림을 잘 그리고요. 고마운 일이지요. 집에도 잘 못 들어가고 아빠 노릇도 제대로 못 해주는데요. 예뻐 죽지요. 마누라는 별로 보고 싶지 않은데 아이들은 보고 싶어 죽겠어요."

아이들의 이야기로 화제가 옮겨지고 있었다. 아이들의 이야기를 듣는 순간 남겨두고 온 아이들이 떠올랐다. 너무나 그리웠다. 보고 싶었다.

'내가 살아 나가야 아이들을 돌볼 수 있을 것 아닌가?'

아이들의 이야기를 듣는 순간 어떻게 해서든 살아 나가야 한다는 생각을 하게 되었다. 선생의 삶에 대한 의지를 여지없이 꺾어버린 그들이 선생의 삶에 대한 의지 또한 살리고 있었다. 그들이 선생을 돌아봤다.

"정신 드셨네…. 자! 이제 또 시작하지."

그들은 선생을 일으켜 세우고 발가벗긴 후 각목으로 머리고 몸이고 가리지 않고 사정없이 팼다. 혼절하면 호스로 물을 뿌려 정신을 들게 한 후 고무호스로 후려쳤다. 맞을 때마다 살점이 떨어져나가고 갈기갈기 찢겨지는 듯하였다. 고통이 뼛속까지 전해졌다. 뼈가 바스러지는 것 같았다. 고무호스로 때리는 것이 힘들었던지 때리는 것을 멈추었다. 그 대신 선생의 얼굴을 젖힌 후 수건을 덮고 코에 물을 부었다.

"컥, 컥, 크헉… 컥, 컥, 커헉…."

선생의 숨은 이미 넘어가고 있었다.

"그러니까, 언제 체포되셨어요?"

선생은 이내 회한에 젖어드는 듯했다. 거의 40년 전의 일인데 이제의 일처럼 떠오르는 듯했다. 눈빛은 깊어지고 낯빛은 차분해졌다.

"74년 2월이었지요. 당시 내가 공화당 수석부위원장이었거든. 그때 선거가 있었어요. 공화당 국회의원 이병옥의 순회유세를 줄포에서 마지막으로 하고 있었는데 낯선 남자 두 명이 찾아왔어요. '같이 좀 가자'고 하는 것이에요. '무슨 일이냐?'고 했더니 '가보면 알 것'이라며 막무가내로 같이 가자고 해요. 어쩔 도리가 있나요. 따라갔지요. 그때는 이런 엄청난 일이 기다리고 있을지는 생각도 못 했지요."

"무슨 일인지 전혀 모르셨을 것 아니에요?"

"무슨 일인가 걱정이 되고 염려는 되었지만 알 수 있나… 몰랐지요. …따라갔더니 중앙정보부 전주분실이었어요. 그곳에서 하룻밤을 자고 다음날 이문동으로 가서 며칠 있다가 남산으로 이송되어 열흘 이상 있었던 것 같아요."

선생은 서재를 둘러싸고 있는 창 너머를 바라보았다. 살 에는 모진 바람 몰아치던 겨울 지나온 대지는 봄을 맞아 소중히 보듬어온 생명들을 틔워내고 있었다. 스티로폼에 흙을 채워 만든 화분에도 새로운 생명이 한껏 피어 있었다. 점점이 구름 떠 있는 하늘은 청년의 가슴처럼 푸르렀다. 바람 불어오는지 풀잎 흔들리고 있었다. 서재의 창가로 따스한 봄 햇살 비치고 있었다. 선생의 서재는 거실에 붙어 있는 쪽을 제외하고는 삼면이 모두 유리였다. 감옥에서의 기억 때문이었으리라. 자연의 햇살조차도 통제하던 저들의 폭력으로 인해 햇살을 그리워했던 감옥에서의 기억 때문이었으리라. 햇살만큼은 마음껏 쬐고 싶었으리라. 누구의 간섭도 받지 않고 따스한 봄 햇살을 한가롭게 받으며 책을 읽어보는 것이 가장 큰 소원 중 하나였으리라. 나는 그 너른 유리벽이 자유의 창처럼 느껴져 살갑고 정겨웠다. '나는 자유다!'라고 외치고 있는 것 같아 눈물겨웠다.

"생명이란 참 위대하지요?"

선생은 낮은 목소리로 말했다. 내게 건넨 말이었지만 내게 하는 말이 아니었다. 그저 선생의 마음에 들어온 생명에게 말하고 있을 뿐이었다. 중앙정보부의 모진 고문과 17년이라는 짧지 않은 세월을 교도소에서 보내고 돌아와 봄 햇살을 받으며 앉아 있는 자신의 삶을 돌아보며 하는 말이었다. 몸 안에서 자라고 있는 암세포와 싸우고 있는 자신의 생명을 바라보며 그저 말하고 있는 것이었을 뿐이었다.

　선생이 몸 붙여 살아가고 있는 부안읍 연곡리 마을은 전형적인 시골마을이었다. 파란 슬레이트 얹은 지붕 낮은 집들은 나팔꽃처럼 함초롬히 자리하고 낡아 빛바랜 붉은 기와를 얹고 있는 집들은 진달래 같았다. 심은 지 얼마 안 된 키 작은 나무들이 길가에 띄엄띄엄 심어져 있었다. 집과 유휴지 사이로 난 길을 따라 들어가는 마을 길은 소박하여 마치 산책이라도 나온 듯하였다. 선생의 집은 그 길을 따라 굽어 흐르는 곁길의 끝에 자리하고 있었다. 붉은 벽돌로 지은 아담하고 소박한 집이었다. 몇 해 전 대장암이 발병했을 때 보험금을 받은 돈으로 이 집을 사고 제 몸 누일 보금자리를 꾸몄다. 치료비로도 수술비로도 사용하지 않았다.

　마당에 나와 있던 선생이 반갑게 맞았다. 마당 한쪽에는 공사하고 남은 목재들이 쌓여 있었고 다른 한 쪽에는 화분들이 잡초들과 어우러져 자라고 있었다. 서재의 삼면을 둘러싸고 있는 유리벽 너머로 하얗게 칠한 책장이 보였다. 빼곡히 들어찬 책들이 가지런했다. 현관문을 열고 들어가니 한때 절실하게 필요했던 이런저런 삶의 흔적들이 여기저기에 놓여 있었다. 공구함, 빨래통, 쓰레기통, 땔감, 빈 화분, 음료수 병들, 소파와 그 위에 낡은 책들이 제멋대로 쌓여 있었다.

"그런데 왜 수술은 받지 않으셨어요? 수술 받으시는 것이 좋았을 것 같던데…."

"의사 선생이 수술을 해도 완전히 치유될 가능성이 50퍼센트밖에 안 된다고 하더라고요. 그럴 바에야 적지 않은 돈 들여가며 수술할 필요가 있겠어요? 자녀들에게 경제적 부담을 주기도 싫고…. 별로 해준 것도 없는데. 또 암이라는 병이 정신력이 중요하다고 생각해요. '내가 사형선고를 받고도 살아났는데 이까짓 암 정도야 못 이기겠나' 하는 생각도 있었고요. …그리고, 나 얼굴 좋아 보이지 않아요?"

"아, 예. 좋아 보이시기는 해요."

"내가 어떤 선생님한테 들었는데… 자신이 효과를 봤다고 하더라고요. 완치됐대요. …의사 선생님한테는 말씀 안 드렸지요. 민간요법을 하고 있는데… 효과가 좋은 것 같아."

"민간요법이요? 뭔데요?"

"사람들이 들으면 뭐라 할 것 같아 아무에게도 말 안 했는데… 아침에 일어나서 공복 상태에서 맑은 오줌을 받아 먹는 거예요."

"…오줌이요?"

"그게 효과가 있는 것 같아…. 몸이 정말 가벼워졌다니까요? 요즘은 하루에 몇 킬로미터 걷는 것은 거뜬해요."

"네…."

자녀들에게도, 지금의 아내에게도 해준 것 없이 고생만 시켰는데 더 이상 피해를 주면 안 된다고 생각하고 있는 것 같았다. 암 치료비로 나온 보험금이라도 아내에게 남겨줘야 한다고 생각하고 있는 것 같았다. 자신을 만나 옥 뒷바라지부터 출옥 후에도 고생만 한 아내였다. 가진 것이라고는 아무것도 없는데 작은 집이라도 남겨야 겠다고 생각하고 계신 것 같았다. 자녀들에게 더 이상 짐이 되지 않고 부인에게 조금이라도 남겨줄 수 있는 방법을 택한 선생은 매일 아침 자신의 맑은 오줌을 한 컵 받아 마시고 있었다. 물론 이 민간요법에 대한 믿음도 굳건하셨지만 말이다.

선생의 삶은 결혼생활만 봐도 그야말로 인생역정이었다. 선생은 세 번 결혼을 하였다. 자녀들은 첫 부인에게서만 얻었다. 결혼생활은 유복하고 단란했다. 하지만 곧 불행이 찾아왔다. 당시 새로 집을 지었다. 하지만 부실공사였다. 태풍에 달아놓은 간판이 떨어져나가며 지붕이 무너지는 사고가 일어났다. 이 사고로 선생은 첫 부인을 잃었고 어린 자녀들은 어머니를 잃었다. 선생이 일본 유학을 가고 얼마 안 되어 일어난 불행이었다. 수년 뒤 선생은 재혼을 하였다. 하지만 이 결혼 또한 오래가지 못했다. 결혼 후 일 년도 안 되어 선생은 연행되었고 고문에 의해 간첩이 되어 1심에서 사형, 2심에서는 무기징역을 선고받았다. 이후 상고가 기각되면서 대법원에서 형이 확정되었다. 선생의 두 번째 결혼은 이렇게 허망하게 끝났다. 부인은 선생이 연행되고 1, 2년 지난 어느 날 집을 떠났고 이후 연락이 끊겼다. 집안의 어느 누구도 찾지 않았고 연락해오지 않았다. 셋째 부인과는 1991년에 가석방으로 출소하고 1995년 4월 7일에 사면·

복권된 이틀 뒤인 4월 9일에 결혼하였다.

"노란 손수건 이야기 알아요?"

봄 햇살 받으며 창밖을 내다보던 선생이 다소 뜬금없이 물었다.

"노란 손수건이요?"

"왜, 저 교도소에 갇혀 있던 사람이 고향으로 돌아가는 이야기 말이에요."

"아, 예. 알지요."

"교도소에 있을 때 그 책을 읽었어요. 내 처지와 비교되어서인지 정말 감동적이었어요. 읽으면서도 울고, 읽고 나서도 울었어요."

미국에서 실제로 있었던 한 죄수의 이야기이다. 가석방이 된 한 재소자가 고향으로 가는 버스를 타고 가고 있다. 그는 자신의 사랑하는 아내가 자신을 받아줄지 염려되고 두려워 석방이 되기 전 아내에게 편지를 썼다. 자신을 용서하고 받아들여줄 것이라면 마을 어귀 참나무에 노란 손수건을 걸어두라는 내용이었다. 노란 손수건이 보이지 않으면 당신이 재혼을 한 것으로 알고 버스에서 내리지 않고 그냥 떠나겠다고 말하였다. 오랜 시간 버스를 함께 타고 오던 승객들은 이 남자의 사연을 알게 되었다. 이 남자의 고향 집이 가까워 오자 승객들은 모두 참나무가 나타나기만을 바라고 있었다. 버스 안은 고향 집이 가까워올수록 묘한 긴장감으로 팽팽해졌다. 그때 한 사람이 소리쳤다.

"저것 좀 봐요! 참나무가 온통 노란 손수건으로 뒤덮였어요."

손수건을 한두 장, 서너 장 걸어놓으면 행여 보지 못하고 지나칠까 걱정되어 참나무에 온통 노란 손수건을 걸어놓은 것이리라. 그리고 그가 한 번도 잊어본 적이 없는 아내는 그 참나무 아래에 서 있었다는 감동적인 이야기이다.

나는 선생이 이 이야기를 읽으며 얼마나 감동을 받았을지 충분히 느낄 수 있었다.

선생은 긴 숨을 내쉬고 말을 이었다.

"나도 사실 걱정이 많았어요. 이유야 어쨌든… 내가 간첩이 되었잖아요. 우리나라에서 간첩이라는 것이 어떤 것인지 잘 아시잖아요…. 마을 사람들이 나를 받아줄지, 손가락질하지나 않을지… 사실 염려되었지요. 나는 피해를 주고 싶지도 않고 멸시받고 푸대접 받으며 지내고 싶지도 않았어요. 그래서 나도 친지들에게 물어봐야겠다고 생각했지요."

선생은 면회 온 문중 사람에게 자신의 뜻을 밝혔다.

"내가 출소하더라도 고향으로 돌아가야 할지 어쩔지 잘 모르겠어요. 나를 받아줄지도 잘 모르겠고, 피해주고 싶지도 않고… 환영 받지도 못하는데 고향이라고 돌아가고 싶은 생각은 더욱 없고…. 그러니 한번 물어봐주세요. 내가 고향으로 돌아가도 좋은지 말이에요. 그리고 받아주겠다면… 다음에 면회 올 때 증표로 100원짜리든지 500원짜리든지 동전을 받아 가져다줘요…."

선생은 애타게 기다렸다. 다음 면회에서 문중 사람은 선생 앞에 수십만 원이 든 동전 주머니를 내려놓았다. 선생은 그날 밤 꺼이꺼이 목놓아 울었다.

"북한은 언제 가셨어요?"

"내가 일본에 두 번 갔는데, 한번은 1965년도엔가 전북도청 축산과에서 연결해줘서 기술연수를 갔고, 두 번째는 처음 갔을 때의 인연으로 공부하러 갔지요. 그다음에는 68년 4월에 동경대 농학부에 입학했어요. '야생동물의 계절 번식'을 연구하기 위해 갔어요. 그때 알게 된 사람을 통해 북한에 가게 되었는데… 북한에 가려고 간 것이 아니에요. 엉겁결에 가게 되었어요. 만나기로 약속이 되어 있어 나갔다가 어디 가는지 정확히 알지도 못한 채 가게 되었어요. 가다 보니 해안가에서 배를 타더라고요. 어디를 가는지 마음속에 의구심이 일어서 '어디 가냐?'고 물었지요. '낚시하러 간다'고 하더군…. 그제야 '어쩌면 북한에 가는지도 모르겠구나…' 하고 생각했지요."

"그때라도 돌아가겠다고 하시지 그러셨어요?"

"말이야 쉽지만… 그럴 상황이 아니었어요. 일본 땅에서 도움도 많이 받았고 친하게 지낸 사람이 낚시하러 가자는데 안 간다고 하기도 그렇고… 또 마음 한 구석으로는 북한에 가보고 싶기도 하였지요. 목사님도 아시겠지만… 우린 철저하게 반공 교육을 받으며 자랐잖아요. '괴뢰군이나 이북 놈들 머리에는 뿔이 나 있다'는 식으로 배웠어요. 또 내가 일본에 유학갈 때에도 '북한 사람 만나면 큰일 난다. 조심하라'고 교육받았어요. 그런데 일본에 와서 보니까 북한 사람들 머리에 뿔이 나지도 않았고… 사회당도 있고 공산당도 있고 다 있는 별천지 세계였어요. 북한이 남한보다 잘살고 있다는 것은 정말 엄청난 충격이었고요. 전 사실 그 당시 아버지의 영향도 있고 해서 이런저런 책들을 많이 읽고 있었지요. 체 게바라를 읽고 감동 받았어요. 다른 민족의 해방과 인간 해방을 위해 자신을 초개草芥처럼 버린 삶을 보며 전율을 느꼈지요. 참된 혁명적 열정을 지닌 혁명가라고 생각되었어요. 감동적이었죠. '나도 그런 삶을 살고 싶다'는 충동을 느꼈지요. 주은래의 책을 읽으면서도 감동을 받았고, 또 감동적이었던 것은 당시 베트남전쟁이 끝나지 않았을 때였는데… 호지명이 죽었을 때 사진을 걸어놓고 참배하는 동료 유학생을 보며 큰 감명을 받았지요. 이런 영향을 받아 나 자신이 혁명가라고 말할 수는 없지만 혁명적인 생각을 하고 있었기 때문에 북한에 한 번쯤 가보고 싶었어요. 자본주의와 사회주의를 비교해보고 싶었어요. 내 눈으로 직접 보고 싶었어요. 북한이 더 잘살고 있다면 왜 더 잘살고 있는지 알아야 우리 사회도 잘살 수 있도록 변화시킬 수 있는 것이잖아요. 또 남한이 훌륭한 것은 어떤 점이 훌륭하다는 것을 분명히 알아야 지켜나갈 수 있는 것이고요…. 분단된 나라에서 깨어 있는 지식인으로 민족의 통일을 위해 한몫해야 한다는 생각이 가슴에 가득했어요. 그런 생각으로 한 일이 이렇게 심각한 결과를 초래할 거라고는 물론 상상도 못 했지요…. 어쨌든 그런 마음가짐이었기 때문에, 배를 탄 후에는 '북한에 가는 모양이구나…' 하는 생각이 들었을 때도 내리겠다고 하지 않았지요. 아까 말씀드린 것처럼 한번 가보고 싶었거든…. 청진에 딱 일주일 머물렀어요. 구경 다닌 것이 다예요. 돌아오려고 하니까 북한에서 좀 더 머물라고 하더군요. 해서 내가 실험동물들에게 사료를 줘야 해서 가야 한다고 했지요. 북한 쪽에서는 나를 좀 교육을 시켜 써먹고 싶은 마음이 있었던 것 같아요. 그런데 내가 교육을 거부했어요. 분명히 말했지요…. '나는 공산주의자가 되기 위해 온 것이 아닙니다. 나는 민족의 통일을 위해 온 것입니다'라고 말이에요. 그것이 전부예요. 그리고 돌아왔지요…."

 분단된 나라의 깨어 있는 지식인으로서 민족의 통일에 기여해보겠다고 다녀온 북한 방문은 그의 삶뿐 아니라 가족들 전부의 삶을 송두리째 바꾸어놓았다. 그 결과는 간첩 누명이었고, 사형이었고, 무기징역형이었고, 17년 옥살이였다.
 참으로 어이없는 결과였다. 선생을 불법으로 연행하고 불법구금 상태에서 고문을 통해 만들어낸 자술서에도[1] 그에게 지령을 내렸다는 이좌영은 남한 쪽인 거류민단 소속이었다고 기록되어 있고[2] 그의 입북도 그가 전혀 의도하지 않았던 것임을 분명하게 보여주고 있다. 중앙정보부에서 작성된 자필진술서의 내용을 그대로 옮긴다.

〈입북 경위〉
 1968년 7월 21일. 노라는 사람[3]이 찾아와 가자고 해서 가니 미상의 음

---

[1] 중앙정보부 수사기록 중 자필진술서(1974년 2월 21일).
[2] 중앙정보부 수사기록 중 자필진술서(1974년 2월 21일) 1회.
[3] 선생의 일본 유학 시절 최초로 접근한 자로, 북한으로 갈 때 인도했다고 수사기관이 주장하는 인물이다.

식점에서 식사를 마치고 나니 밤이 되었다. 차를 타고 가자고 해서 가다 보니 인적이 드문 곳에 가서 등산복으로 갈아입히고 성명을 밝히지 않은 사람을 소개하면서 이분들의 지시대로 하라고 하기에 대궁大宮역에 와서 소개받은 사람과 열차를 타고 갔다. 열차는 아오모리행 열차였다.

1968년 7월 22일. 오후 4시경 알 수 없는 역에 내려 음식점 방을 빌려 여장을 풀고 좀 있다가 저녁을 먹고 밤 9시 30분경 가자고 해서 갔는데 해안가였다. 10시가 될 무렵 상대로부터 물소리로 신호를 하고 이쪽에서는 돌로 신호를 하여 고무보트에 승선하였다.

1968년 7월 23일. 오후 청진에서 하선하여 나가니 안내원이라는 사람이 왔다.

위의 자필진술서 어디에 선생이 목적의식적으로 북한에 가려 한 흔적이 있다는 것인지 알 수 없다.[4] 오히려 어디 가는지도 모르는 상태였다는 것을 증명해주고 있을 뿐이다. 목적의식적으로 북한에 가려 한 것이 아니라면 특수 잠입·탈출이 아니라 일반 잠입·탈출 조항을 적용받아야 하는 것이다. 당시의 법으로도 일반 잠입·탈출은 5년 이상 10년 이하의 징역형을 받고, 특수 잠입·탈출은 사형까지 받을 수 있게 되어 있었다. 뿐만 아니라 선생은 북한에 7일간 체류했는데, 자필진술서에는 14일간 체류한 것으로 부

---

4 두 번째 자필진술서에도 거의 비슷한 내용이 기재되어 있다.

풀려져 있다. 그리고 더욱 황당한 것은 선생이 북한의 지령에 의해 행동했다는 사항을 적시한 대목이다.

〈지령에 의한 행동사항〉

일본에서 노한테 들은 북한은 모두 사회복지제도가 잘 되었고 잘산다는 말을 들었는데 본인이 입북 당시 평양을 본 느낌은 싸늘, 행인들 얼굴에서 웃음은 찾아볼 수 없었다. 평양 시내 식당 가보니 쌀밥만 먹는다던 사람들이 수수밥 같은 것을 먹고 있었으며 찬은 김치 한 가지였다. 어느 날 농장을 찾아갔더니 수박 한 통을 내놓았는데 같이 간 일행만 먹고, 일하는 사람들은 구경만 했다. 1969년 10월 동경 시내 어딘가에서 노로부터 재입북할 것을 강요받았으나 도저히 갈 수가 없어 거절하고 1970년 6월 23일 귀국하여 활동한 사실 없다.

위의 진술 내용 어디에 그가 북한의 지령을 받아 남한에 해를 끼친 행동이 기록되어 있는가. 그럼에도 불구하고 이런 자필진술서를 가지고 중앙정보부와 사법부는 선생을 간첩으로 만들어놓은 것이었다. 당시 사법부는 죽어 있었던 것이다. 증거라고는 고문에 의해 만들어진 진술서밖에 없었지만, 이 진술서마저도 별 의미가 없었던 것이었다. 진술서의 내용이 어떠하든 이미 형이 확정되어 있었던 것이었다. 그러니 이렇게 황당한 진술서를 증거라고 만들고 내놓았던 것이고 사법부도 그대로 받아 판결하였던 것이었다.

조금 쉬었지만 쇳소리처럼 카랑카랑 울리는 선생의 목소리가 이어졌다.

"제가 감옥에 있을 때 잊지 못할 일이 세 가지 있는데요. 하나는 신영복, 김낙중 선생 같은 분들과 함께 수감생활을 했다는 것이에요. 그 선생들에게 책이 들어오면 돌려보곤 했지요. 열독 후에는 함께 토론도 했지요. 정말 즐겁고 의미 있는 시간이었어요. 나를 새롭게 정립한 시간이라고 할까요. 그 시간들을 통해 새롭게 태어났다고 할 수 있어요. 남들 말하는 것처럼 '국립대학교 기숙사'에 묵었던 것이지요. 다른 하나는 잡범들이 죽으면 가족들이 시체를 찾아가지 않는 경우가 많았어요. 그것을 보며 영혼을 위로해야겠다는 생각에 종교생활을 권유했지요. 그리고 그들이 죽으면 제가 염을 해주었어요. 제가 의무과에 있는 동안 스물두 명을 염했지요. 이것이 기억에 남아요. 보람된 일이었어요. 마지막으로 기억에 남는 것은 어느 잡범과 나누었던 대화인데요…. 하루에 한 번 주어지는 운동 시간에 조금 친해진 잡범 하나가 슬그머니 다가오더니 말을 건네요.

'선생님은 무기 받아도 싸요….'

'뭐라고, 이놈아? 무슨 소리야?'

'저는 빵 몇 개 훔친 것으로 3년 형을 받았는데 선생님은 나라를 훔치려고 하였으니 무기 받아도 싸요….'

그렇게 내뱉더니 냅다 도망쳐요. '정말 나라라도 훔치려다 이렇게 되었으면 억울하지도 않았을 것인데…' 하는 생각이 들기도 했지요. 그저 너털웃음만 나왔어요."

좌익수인 선생이 그 잡범의 눈에는 나라를 훔치려고 한 사람으로 보였던 것이었다.

선생은 1991년 2월 25일 가출옥을 했다. 선생이 출옥 후 가장 먼저 한 일은 아버지 산소를 찾아간 것이었다. 선생의 아버지는 선생이 출소하기 약 9개월 전인 1990년 5월 17일에 돌아가셨다. 선생은 아버님의 임종을 지켜보지 못했다. 출소 후 선생은 아버지 산소에 찾아가 움막을 치고 산소를 지켰다. 약 석 달 동안 시묘살이를 하였다. 아침저녁으로 밥을 지어 올렸다. 선생은 아버님이 참으로 그리웠다. 단 한 번만이라도 뵙고 싶었다. 꿈에서라도 뵙고 말씀 나누고 싶었다. 감옥에 있으면서 선생이 가지게 된 생각들에 대해 아버님의 의견을 구하고 싶었다. 어떻게 살아가야 할지 말씀을 듣고 싶었다. 그러나 아버님은 단 한 번도 모습을 보여주지 않으셨다. 바람 불어 나뭇잎이라도 쓸리면 아버지의 발걸음을 듣는 듯했고, 비라도 내려 구름 낮아지면 아버지의 품에 안긴 듯했을 뿐이었다. 손을 내밀면 아버지의 체취가 묻어날 듯했다. 하지만 언제나 내민 손길에 머무는 것은 햇살뿐이었다. 석 달간의 시묘살이는 선생으로 하여금 죽음을 통해 삶을 이해하게 하고, 삶을 통해 죽음을 가깝게 느끼게 하는 인생의 학교였다.

"잠을 잘 못 자요…. 불면증이 있어요. 감옥에 있을 때 교도관들이 퇴근하고 나면 바로 자거든…. 저녁 5시부터 자요. 그리고… 자정이면 일어나지. 그때부터 늘 밤을 지새우곤 했어요. 책도 읽고,

편지도 쓰고, 생각에 잠기기도 하고…. 이런 버릇이 그대로 남아 출소 후에도 불면증에 시달리게 되었어요. 안 고쳐져요."

17년 만에 나온 세상은 너무나 많이 달라져 있었다. 선생 자신부터 달라져 있었다. 17년 전의 모습이 아니었다. 돈을 오랫동안 쓰지 않아 지폐에 대한 개념도 없었고, 속도를 예측하기 힘들었다. 건널목을 건널 때 차의 속도와 발걸음의 속도를 계산하지 못해 몇 번이고 멈칫거렸고 그러다 보니 더욱 위험한 상황을 맞이하기도 하였다. 선생은 17년의 억울한 옥살이를 만회라도 하려는 듯 보안관찰 등에도 불구하고 활발히 활동하며 지냈다. 고문과 억울한 옥살이 때 쌓였던 한이 병이 된 것일까. 선생의 몸에 암이 자라고 있었다.

선생의 병은 더욱 깊어졌다. 장폐쇄가 일어나 음식물을 넘기지 못하게 되었고, 몸은 하루가 다르게 말라갔다. 부안에서부터 녹색병원과 세브란스병원을 오고가시던 선생은 2012년 7월 1일 새벽 1시에 고단하고 무거웠던 몸을 내려놓았다. 다시는 일어나지 못했다. 악착같이 병마를 견디며 그토록 보기 원하였던 재심 재판이 개시되기 불과 3개월 전이었다. 간첩이라는 누명이 벗겨지는 것을 보시기 전에, 분단의 극복과 통일을 위해 노력했던 오히려 존경받아야 하는 삶을 사셨다는 것을 사람들이 미처 알기도 전에 선생이 먼저 가신 것이었다.

부안의 장례식장은 친지들과 조문객들로 분주하였음에도 불구하고 쓸쓸했다. 견딜 수 없이 아팠다. 사람들 속에 앉아서도 바람 부는 황량한 벌판에 홀로 나선 듯했다. 눈물 고였다. 영정 속의 선생은 건장한 청년 같았다. 발병하기 전 모습이었다. 햇살 받으며 웃고 있었다. 햇살을 받고 서 있는 모습조차 안쓰러웠다. 선생은 웃고 있었지만 쓸쓸했다. 눈물을 훔쳐낼 사이도 없이 다시 눈물 고였다.

그렇게 선생을 떠나보냈다. 선생이 한 줌 재로 삶을 마감하던 날도 여전히 선생을 간첩으로 만들고 감옥에 가두었던 유신의 망령은 펄펄 살아 이 강산을 돌아다니고 있었다.

선생을 마지막으로 뵈었을 때 선생이 하신 말씀이 떠올랐다.

"이 사건이 일어나기 전에는 나와 상관없는 일에는 신경쓰지 않았지요. 문제가 있으면 피해가면서 살았지요. 나만 손해 보지 않으면 되니 말이에요. 하지만 이 사건을 겪으면서 생각이 완전히 달라졌어요. 누구나 역사의 피해자가 될 수 있다는 것을 깨달았지요. 이 사건은 제 삶을 완전히 달라지게 만들었어요. 역사와 세상을 보는 눈을 뜨게 했지요. 이 일을 온몸으로 겪어내면서 평화, 자유, 평등, 통일 등의 가치에 대해 관심을 갖게 되었지요. 하지만 국민들은 아직도 잘 모르는 것 같아요. 물론 국민들만 탓할 수는 없지요. 역사를 끊임없이 왜곡한 세력들이 있으니까요…. 친일파들이 잘살고, 독재정권의 후손들이 잘살고 있다는 것은 정말 심각한 문제예요. 이 땅에는 아직도 유신의 망령이 살아 움직이고 있어요. 이 땅의 역사가 정말로 바로 서려면 박정희 유신정권을 완전히 청산해야 합니다…. 유신의 망령을 끝장내야 해요."

말라붙은 두 팔을 휘저으며 말씀하시던 모습이 생각났다.

선생을 떠나보내고 몇 달 뒤 선생의 장남 최호 선생을 만났다. 몇 차례의 만남에도 불구하고 이렇다 할 대화를 나눈 적이 없었다. 자상하지도 못했을 뿐 아니라 자신을 간첩의 아들로 만들어버린 아버지에 대한 그의 생각이 못내 궁금했다. '아버지에 대한 원망이 많으리라' 생각하고 있던 내게 최호 선생은 아버지에 대한 애틋한 정을 쏟아내었다. 사람 좋은 얼굴에 지나온 세월에 대한 회한과 아버지에 대한 애틋함이 묻어 있었다.

"이 사건으로 인해 아버지에 대한 원망이나 갈등이 있었던 것은 크게 없었어요…. 그것보다는 아버지에 대한 애틋함과 아쉬움이 더 컸지요. 제가 일곱 살 때 아버지가 체포되셨는데… 제가 아버지를 처음 면회 간 것은 중학교 1학년 때였어요. 그때 둘째큰아버지에게서 아버지가 감옥에 계시게 된 이유도 들었지요. 첫 면회였으니 어색함에 나름 긴장했을 것 아니에요…. 그래서 일부러 수염을 안 깎고 갔어요. 그 당시 수염이 자라기 시작했거든요. '이 녀석, 수염도 자라고… 이제 다 컸네' 하고 칭찬은 아니더라도 따뜻하게 한 말씀 해주시기를 바라는 마음이었어요. 아버지에게 수염이 나고 있는 자랑스런 모습을 보여드리고도 싶었지요…. 한데, 저를 보신 아버지가 뭐라 하셨는지 아세요?

'이 녀석, 지저분하게 왜 면도도 안 하고 왔느냐?'

혼만 났지요…. 이게 7년 만에 만난 맏아들에게 하실 말씀이에요? 물론 아버지가 일부러 꾸짖으셨을 것이라고 생각하기는 하였지요. 그래도 그 순간에는 많이 섭섭했지요. …또 한번은 아버지가 출감하시는 날 신으실 구두를 사 가지고 갔는데 구두가 너무 커서 신으실 수 없으셨지요. 제가 어렸을 적에 아버지 발이 제 발보다 많이 컸던 것만 생각하고 제 구두보다 많이 큰 것으로 샀거든요. 그러니 클 수밖에요…. 나중에 보니 제 구두와 아버지 구두 크기가 똑같았어요. 이런 일도 있었지요. 집에 오셨는데… 아버지라는 이름이 어색하고 익숙하지 않았던 탓이겠지요. '아버지!'라고 불러야 하는데 무의식 중에 '아저씨!' 하고 부르고 있었던 것이었어요…. 얼른 말을 삼켰지요. 다행히 아버지는 못 들으셨던 것 같았어요. 아무 반응이 없으셨으니 말이에요. 하지만 나중에 생각해보니 '못 들으신 것이 아니라 못 들은 척하셨던 것이겠구나' 하는 생각이 들더군요…. 그런 면을 보면 표현을 안 하셔서 그렇지 자상하신 면도 있었던 것 같아요."

어느새 최호 선생의 눈가가 벌게져 있었다.

아저씨라 부를 뻔했던 아버지가 사무치게 그리운 모양이었다.

눈물 어린 듯했다.

창밖에 바람 세차게 불고 있었다.

분주히 지나는 사람들 위로 어둠 내리고 있었다.

낯선 귀향

전국술 선생 이야기

어느 날 저녁이었던가. 화장실 작은 창 철창 너머로 희미한 불빛이 들어왔다. 산자락에 다닥다닥 붙은 집들의 창에 어린 전등 불빛이 아련하고 따스했다. 전등 불빛이 저리도 아름다웠던가. 저렇게 아름답다고 느낀 적이 있었던가. 불빛의 따스한 기운이 손끝으로 가슴으로 온몸으로 전해졌다. 저 불빛 아래 하루의 피곤함을 잊고 사랑하는 가족들이 오순도순 모여 앉아 저녁식사를 하며 이야기를 나누고 있겠구나. 아련했다. 온몸에 남아 있는 극심한 고통도 잠시 사라지는 듯했다. 뺨을 훔치니 손등에 눈물이 묻어났다. 자신도 모르는 사이에 눈물이 주르르 흘렀다. 눈물 흘릴 수 있다는 것만으로도 기뻤다. 눈물 흘리며 홀로 있을 수 있는 공간이 허락된 것만으로 감사했다. 이른 새벽 영문도 모른 채 잡혀오면서 헤어진 사랑하는 아내와 생후 6개월 된 아들의 얼굴이 어른거렸다. 손 뻗으면 만져질 것만 같았다. 철창 밖으로 손 내밀면 아내가 잡아줄 것만 같았다. 아이의 해맑게 웃는 얼굴을 다시 볼 수 있을 것 같았다. 모두들 어찌 되었을까. 잡혀오지 않았을까. 무사할까. 어디 있을까. 얼마나 걱정이 많을까. 생각이 꼬리를 물고 이어졌다. 아내의 해산 뒷바라지를 하기 위해 와 있던 생질녀가 그제야 생각났다. 무심함을 탓했다. 그 아이는 또 어찌 되었을까. 고향으로 돌아갔을까. 그런저런 생각으로 몸을 뒤척일 때마다 통증이 왔다. 며칠 안 되는 조사 기간 동안 맞은 통증은 꽤 여러 날이 지났음에도 남아 있었다. 처음에는 통증이 고통스러웠으나 시간이 지나며 점점 익숙해졌다. 친근해졌을 뿐 아니라 때로는 고맙기도 했다.

'너는 그래도 살아남았어. 죽지 않았어.'

그렇게 말하고 있는 것 같았다. 통증이 올 때마다 선생은 생지옥 같았던 중앙정보부 남산분실에서 살아 나왔음을 새삼스럽게 확인하곤 하였다. 저녁이 가고 밤이 왔다. 철책 드리운 화장실 창으로 어둠이 들어왔다. 어둠조차도 반가웠다. 어둠 따라 별빛도 들어왔다. 영롱했다. 아름다웠다. 언제 별을 보았을까. 어린 시절에 본 이후로는 별을 본 적이 거의 없었던 것 같았다. 작은 창으로 보이는 밤하늘에 깃든 별은 몇 개 되지도 않았지만 우주의 모든 별이 깃들어 있는 것 같았다. 냄새 심한 푸른색의 이불도, 아직도 남아 있는 온몸의 통증도 그날 밤은 문제가 되지 않았다. 그날 밤은 오랜만에 깊고 평안했다.

그날 이후로 화장실의 작은 철창은 세상과 소통하는 선생의 유일한 통로였다. 자유로운 해방구였다. 새벽에는 산자락에서 들려오는 아침 산책 나온 사람들의 '야호!' 소리 들으며 산길을 함께 걷기도 하였고, 낮에는 자신의 정원에라도 앉아 있는 듯 햇살을 은근히 즐기기도 하였다. 저녁에는 영롱하게 비치는 아스라한 백열전등 불빛을 보며 그리움에 눈물 흘렸고 밤 깊으면 별을 품고 잠들곤 하였다. 사랑하는 아내와 아이를 꿈속에서라도 만날 수 있기를 바라면서 말이다.

"쾅쾅쾅쾅… 쾅, 쾅, 쾅!"
요란하게 대문 두드리는 소리가 들려왔다. 얼마 전 해산한 아내의 수발을 들기 위해 고향에서 온 생질녀가 대문을 채 열기도 전에 건장한 체구의 장정 세 사람이 뛰어들어왔다. 아내와 함께 자고 있던 침실로 신발을 신은 채 들이닥쳤다.
"아니! 누구요?"
그들은 선생의 질문에는 대답하지 않고 물어왔다.
"전국술이 당신이야? 당신, 전국술이지? 잠깐 알아볼 일이 있으니 같이 가자."
그들은 선생을 거의 끌어냈다. 대기하고 있던 차에 선생을 태우고는 어디로 간다는 말도 없이 무조건 달렸다. 대체 무슨 일인가. 무슨 일인데 낯선 사람들이 와서 나를 잡아가는가. 선생은 불안하고 두려웠지만 물어볼 수 없었다. 그들 중 하나가 나를 힐끗힐끗 곁눈질로 바라보며 흥얼흥얼 노래를 부르고 있었다.

모두들 잠들은 고요한 이 밤에
어이해 나 홀로 잠 못 이루나
그건 너, 그건 너, 바로 너 때문이야

그 노래를 듣는 순간 선생은 온몸에 소름이 끼치는 것을 느꼈다.[1] 선생은 중앙정보국 부산지국으로 갔다가 그곳에서부터는 수갑을 찬 채 수영비행장으로 이동하였다. 그들은 선생의 지갑에서 5000원을 꺼내 비행기 티켓을 구입하였다. 비행기에서 내리니 김포비행장이었다. 대기해 있던 차에 탔더니 이내 눈을 가렸다. 눈가리개가 풀렸다. 남산분실이었다.

조사가 시작되었다. 수사관의 첫 질문은 선생을 놀라게 하기에 충분했다.

"너 전덕술이 만난 적 있지?"

이 말을 듣는 순간 선생은 자신이 잡혀온 이유에 대해 알 것 같았다. 순간적으로 두려움과 공포가 감당할 수 없게 밀려들었다. '집에 큰 문제가 발생한 것이 틀림없구나…' 하고 생각했다.

전덕술은 전국술 선생의 큰형이었다. 아버지를 대신하는 맏아

---

[1] 선생은 이날 이후로 〈그건 너〉라는 노래를 부르지도 듣지도 않았다고 한다. 물론 이 노래를 부른 가수 이장희도 좋아하지 않게 되었다. 이것도 독재권력의 폭력이 난무했던 그 시대의 자화상 중 하나이고 아픔이다.

들이었고 집안의 장손이었다. 6·25전쟁이 일어났을 때 큰형은 서울 유학 중이었다. 전쟁이 시작되고 몇 개월쯤 지나 함께 서울에서 공부하던 막내삼촌은 초췌한 몰골로 돌아왔지만 큰형은 끝내 돌아오지 않았다. 집안의 어르신들은 '덕술이가 난리통에 폭격 맞아 죽었는가보다. 그렇지 않고서야 이렇게 소식조차 없을 수 있겠는가' 하며 한탄하시곤 하였다. 집안의 장손이요 똑똑해서 서울 유학까지 갔던 큰형님은 문중의 자랑이요 대들보였다.

선생은 큰형이 매우 어렵기는 했지만 그에 못지않게 사연도 많았고 정도 깊었다. 어린 시절 개구쟁이였던 선생은 동무들과 딱지를 치고 싶었지만 물자가 귀하던 때라 종이를 구하는 것이 쉽지 않았다. 선생은 큰형 방에 들어가 책을 찢어 딱지를 접었다. 무슨 책이었는지는 기억나지 않지만 꽤 두꺼운 책이었다. 종이도 얇지 않아 딱지를 만들기에는 안성맞춤이었다. 딱지를 다 만든 선생은 의기양양 자신만만하게 나갔지만 결과는 참혹했다. 큰형의 책을 찢어 만든 귀한 딱지들을 모두 잃은 것이었다. 그날 저녁 다소 근심 어린 마음으로 집에 들어왔을 때 본 큰형의 모습을 선생은 평생 동안 잊을 수 없었다. 선생은 큰형이 그렇게 화가 나 있는 모습을 그날 처음 보았다. 말은 없었지만 매우 화가 나 있다는 것을 쉽게 느낄 수 있었다. 큰형은 동무를 찾아가 딱지를 찾아와서는 흙 묻은 딱지를 하나하나 정성스레 펴서 책의 페이지에 맞게 끼워넣었다. 매우 귀중한 책이었음에 틀림없었다. 선생은 그런 큰형을 바라보며 너무나 미안했던 마음을 사는 날 동안 잊지 않고 있었다. 이런 일도 있었다. 선생에게 네 살 어린 여동생이 있었는데 하루는 소꿉장난을 하다 비위가 거슬린 선생이 여동생이 차려놓은 살림집을 발로 뭉개버렸다. 여동생이 울고불고 난리가 난 것은 당연하였다. 그때 방 안에서 듣고 있던 큰형이 나오며 '이 녀석, 또 여동생을 괴롭히는구나!' 하며 붙잡아 혼내려 하였다. 선생은 무서운 마음에 일단 피하고 보자는 생각으로 냅다 도망을 쳤다. 마당 끝을 벗어나려는 순간이었다. '억!' 하는 소리가 나서 돌아보니 큰형님이 급히 뛰어나오다가 마루 문턱에 이마를 찧고 쓰러질 듯 앉아 있었다. 그날 선생은 큰형이 무서워 아예 집에 들어가지 않았다. 다음날 선생이 집에 들어가니 큰형은 없었다. 이미 서울로 떠났던 것이다. 그것이 큰형과의 마지막 이별이었다. 1949년 여름 깊어지기 전의 어느 날이었다.

그렇게 인사도 나누지 못하고 서울로 유학을 떠난 큰형은 전쟁 이후 소식이 끊겼다. 큰형의 일로 모두들 걱정이 많아 집안 분위기는 늘 무거웠다. 먼 산 성인봉 등성에 자리한 마가목이 붉게 익어가는 가을 저녁이나, 1~2미터씩 눈 쌓이는 겨울밤 깊어지면 누나는 〈오빠 생각〉이라는 노래를 부르며 그리움에 젖어 눈물 흘리곤 하였다.

뜸북뜸북 뜸북새 논에서 울고
뻐꾹뻐꾹 뻐꾹새 숲에서 울 제
우리 오빠 말 타고 서울 가시며
비단구두 사가지고 오신다더니

기럭기럭 기러기 북에서 오고
귀뚤귀뚤 귀뚜라미 슬피 울건만
서울 가신 오빠는 소식도 없고
나뭇잎만 우수수 떨어집니다.

노래를 부른 후 누나는 '기러기는 북에서 온다는데… 왜 오빠는 소식이 없냐…' 하며 긴 숨을 내쉬곤 하였다. 그런데 서울 가신 후 소식도 없던 오빠가, 폭격 맞아 죽었다고 생각하고 있던 아들이자 큰형이자 문중의 장손이 어느 날 가족들 앞에 나타난 것이다. 북에서 온 기러기처럼 북에서 온 것이었다. 놀랍고 반가웠다. 1962년 12월 말경 바람 불고 몹시 추운 날이었다. 13년 만의 만남이었다. 큰형은 열흘 정도 선생의 집에 머물러 있다가 북으로 돌아갔다. 북으로 갈 때는 삼촌과 함께 갔다. 어느 날인가 큰형으로부터 무슨 이야기를 들었는지 삼촌이 선생에게 말하였다.

"삼촌이 북한에 갔다오면 네 대학 등록금도 내줄게…"

마치 돈 벌기 위해 장사하러 가는 사람 같았다. 당시는 집안 형편이 매우 어려워져 있었다. 선생의 아버지가 선 빚보증으로 인해 빚을 안게 되면서 수대째 살아오던 동백나무 숲 아름답던 너와집과 농토를 팔고 저동초등학교 아래로 이사와 있었다. 큰형의 일로 가족회의가 열렸지만 가족들 누구 하나 신고할 생각을 하지 않았다. 죽었던 아들이 살아 돌아온 것만으로도 고마웠고, 이 땅에선 살 수 없으니 북한으로 다시 무사히 돌아가 잘 살기만 바라는 것 같았다. 죽었다던 큰형이 13년 만에 나타났다 다시 사라진 후 14년이 지난 어느 날 선생은 영문도 모른 채 중앙정보부 남산분실로 체포되어 온 것이었다.

"너 전덕술이 만난 적 있지?"

선생은 너무나 두렵고 무서웠다. 온몸에 소름이 끼쳤다.

"있어, 없어?"

이미 두려움과 공포로 온몸이 얼어붙은 선생의 입은 자신도 모르는 사이에 대답하고 있었다.

"모르는데요…."

"몰라? 이 자식 봐라. 어디 한번 보자!"

수사관들은 선생을 지하실로 끌고 내려갔다. 지하실은 음산한 기운으로 가득했다. 두 명의 수사관이 선생을 조사했다. 그중 한 명은 고향이 울진으로 선생과 고향이 같다며 선생을 안심시켰다. 또 다른 수사관은 선생과 같은 대학을 나왔다며 협조를 요구했다. 하지만 그런 협조 요구는 선생을 다소 안심시키기 위한 것이었을 뿐이었다. 본격적으로 조사가 시작되자 폭행이 시작되었다. 수사관들의 질문에 자신들이 의도하는 대로 대답하지 않으면 바로 구타가 시작되었다. 침대 옆에 끼워져 있던 각목으로 사정없이 내려쳤다. 한번 폭력이 시작되면 쉽게 끝나지 않았다. 그것은 사실과 진실을 알아내기 위한 조사가 아니라 완전한 굴복을 얻기 위한 것이었다. 쓰러지면 다시 일으켜세워 때리고 쓰러지면 또다시 때렸다.

"너 같은 놈 하나 죽어 나가도 눈 하나 깜짝하지 않는다."

때리고, 때리다 지치면 자술서를 쓰게 하였고 어떻게 쓸 것인지를 불러주었다. 큰형인 전덕술이 와서 한 일들을 불러주었다. 선생은 모두 처음 듣는 이야기였지만 어찌 할 도리가 없었다. 삼촌이 북한에 다녀왔다는 이야기도 처음 듣는 이야기였다. 아주 오래전 큰형 덕술이 왔을 때 삼촌에게서 그런 말을 들었던 것이 기억나기는 했지만 정말 다녀왔는지 선생은 알지 못했다. 까맣게 잊고 있었던 기억들이 가물가물 되살아나고 있었다. 선생은 수사관들이 불러주는 대로 받아적었다. 삼촌을 따라 해변으로 가서 큰형의 탈출을 도와주었고, 그때 삼촌이 이북에 가는 것을 알게 되었다고 적었다. 그리고 삼촌이 이북에 다녀와서 이북으로 무전을 치는 일을 도와서 발전기를 돌려주었다고 적었다. 수사관들은 자신들의 계획대로 모든 일이 풀려나가자 선생에게 새로운 질문을 했다.

"이북 다녀온 삼촌의 지령으로 학교 다닐 때 데모하지 않았어?"

선생은 완강히 부인했다. 북한에 다녀온 삼촌의 지령을 받았다고 자백하면 살아나기 어려울 것이라는 것을 본능적으로 느낄 수 있었다. 또한 선생은 학교 다닐 때 시위에 가담한 적도 별로 없었기 때문에 이 문제는 수사해보아도 걸릴 것이 없다고 생각했다. 다행히 이 사안은 더 이상 문제가 되지 않았다. 하지만 중앙정보부는 울릉도간첩단사건을 발표할 때 선생이 연세대학교에 입학하여 한일회담 반대 등 반정부 시위를 선동하였으며, 1968년 1월에는 은행에 침투하여 금융계 동조자를 규합하기 위해 활동했다고 발표하였다. 말단 은행원으로 대리 승진을 위해 시험에 매달리던 평범한 은행원이 북한의 지령을 받고 활동한 간첩이 되어 있었다. 중앙정보부의 사건 발표에서의 비중과는 달리 선생의 남산 체류는 3박4일 만에 끝났다. 그동안 선생이 한 일이라고는 거듭해서 각목으로 맞다가 혼절하고 깨어나 불러주는 대로 쓰는 것뿐이었다. 밥도 못 먹고 잠도 못 잤다. 다시 또 시작될지도 모르는 폭력에 대한 두려움과 옆방에서 들려오는 비명소리 등으로 인해 선생에게는 이미 저항할 수 있는 힘이 전혀 남아 있지 않았다. 항복했다.

1974년 2월 13일 저녁 남산분실을 나와 서대문구 현저동 101번지 서대문형무소로 갔다. 독방으로 들어갔다. 2월인데도 너무 추워 견딜 수 없었지만 때리고 괴롭히는 사람이 없으니 그나마 살 것 같았다. 하지만 몸은 천근만근 무거웠다. 냄새와 때에 찌든 이불을 뒤집어쓰고 누웠지만 엉덩이가 너무 아파 바로 누울 수 없었다. 엎드려 잠을 청했다. 그렇게 교도소 생활이 시작되었다. 시간이 지나며 차츰 교도소 생활에도 적응을 하기 시작했다. 국선변호사도 만나고 재판을 하러 나가면서 그제야 누가 잡혀왔는지도 알 수 있었다. 그중에는 일면식도 없고 아무런 상관도 없는 사람들도 있었다. 재판이 있는 날은 면발치에서나마 사랑하는 아내와 가족의 모습을 볼 수도 있었다. 검찰에서 조사도 다시 받았다. 그러나 형식적이었다.

"그것은 제가 한 일이 아닙니다. 폭행에 의해 할 수 없이 받아적은 것입니다."

아무리 말을 해도 검사는 들으려 하지 않았다. 아니 들으려 하지 않은 것뿐 아니라 아예 말을 막아버렸다.

"중정(중앙정보부)에서 작성한 진술서가 네가 쓴 것이 아니야?"
"자필 서명이 여기 있잖아. 네 것이잖아!"
"귀찮게 굴면 다시 남산으로 보낼 수도 있어!"

윽박지르고 협박하였다. 선생은 더 이상의 저항을 포기했다. 생전에 본 적도 없는 전라도 사람들과 함께 서서 대규모 간첩단 사건의 일원으로 재판을 받았다. 1심에서는 징역 7년에 자격정지 7년을 받았고 2심에서는 징역 5년에 자격정지 5년을 받았고 대법원에서 상고가 기각되어 형이 확정되었다.

선생은 서대문교도소에서 1년 2개월을 보낸 후 광주교도소로 이감되었다.

사건이 일어나기 전 선생은 그 시대의 지극히 평범한 청년이고 회사원이었다. 선생은 장군이 되는 것이 꿈이었다. 육사에 진학하고 싶었다. 그러나 키가 작아 들어갈 수 없었다. 1961년에는 큰형처럼 서울로 유학 와서 국립체신대학을 다니며 불어도 배우고, 무전 치는 법도 배우며 새로운 꿈을 키웠다. 5·16 군사쿠데타가 일어나면서 국립체신대학이 일시적으로 문을 닫는 일만 없었더라면, 또 종내는 폐교될 것이라고 알려지지만 않았더라도, 선생의 삶은 달라졌을 것이었다. 국립체신대학을 본의 아니게 그만두게 된 선생은 군대에 지원했다. 하지만 그마저도 선생의 뜻대로 되지 않았다. 그해에는 이미 필요한 병력이 다 충원되어 받아줄 수 없다는 것이었다. 그때 군대만 가게 되었더라도 선생의 삶은 역시 달라졌을 것임에 틀림없었다. 운명의 1962년 12월에 울릉도에 있지 않았을 것이니 말이다.

선생은 연세대학교 경영학과를 졸업한 후 은행원이 되었다. 은행원으로서의 삶 또한 평범하고 충실했다. 대리 승진 시험에 합격하기 위해 열심히 공부하였다. 남들 다 하는 연애도 하였다. 기업은행 대구지점에 있을 때 부인을 만났다. 서울에 발령받아 올라온 이후에도 데이트를 즐겼고 결국 사내결혼을 하였다.

선생의 교도소 생활 역시 두 차례 벌방에 다녀온 것을 제외하고는 지극히 평범하고 모범적이었다. 두 번 벌방에 간 것은, 한 번은 예기치 못한 일이었고 다른 한 번은 어쩔 수 없는 상황에서 일어난 것이었다. 처음 벌방에 간 것은 집에서 보내준 청색 티셔츠를 입고 있다가 교도관의 검열에 걸렸기 때문이었다. 1.2평 좁은 방에 15명을 집어넣었다. 무더운 여름날, 방안은 땀 냄새, 오물 냄새로 가득했다. 다 앉을 자리도 없어 몇몇은 서 있어야 했다. 대소변을 보려고 하면 여러 사람이 움직여야 했기 때문에 모두들 괴로웠다. 대소변을 적게 보기 위해 식사량을 줄이고 굶기도 하였다. 감옥 속의 감옥이었다. 일주일을 그곳에서 보내며 선생은 완전히 녹초가 되었다. 다시는 벌방에는 오지 않겠다고 결심을 하였다. 하지만 인생에는 뜻대로 되지 않는 경우도 많지 않은가. 두 번째로 벌방에 가게 되었다. 광주교도소에서 두 번째로 맞는 겨울이었다. 제각기 작업장에

흩어져 작업을 하던 좌익수들은 저녁이 되면 같은 방에서 잠을 잤다. 설날이 가까웠던 어느 날이었다. 목공소에서 작업을 하시던 어느 선생님이 윷을 만들어오셨다. '설을 맞아 윷을 다 놀게 되었다'며 즐겁게 윷놀이를 하던 중 순찰 돌던 교도관에게 걸리고 말았다.

"누가 윷을 만들었어?"

아무도 선뜻 대답하는 사람이 없었다.

"제가 만들었는데요."

선생은 손을 들었다. 윷을 만들어온 분은 나이가 많아 벌방을 감당하기 어려웠고, 또 그 방에서는 30대 후반인 선생이 가장 젊었기 때문이었다. 선생은 독방으로 끌려갔다. 수갑이 채워진 채였다. 한겨울 지하 독방에 수갑이 채워진 채 들어가게 된 것이었다. 식사를 할 때도 수갑을 차고 먹어야 했고, 대변을 본 후에도 수갑을 찬 채 뒤처리를 해야 했다. 그런 선생이 너무나 딱해 보였던지 식사 배달을 온 소지가 못으로 수갑을 풀어주기도 했다. 그러던 어느 날은 특별한 비밀을 알려주었다. 화장실 시멘트에 수갑 한쪽을 갈면 수갑을 마음대로 풀 수 있다고 말해주었다. 그 이후 식사를 할 때나 볼일을 볼 때에는 수갑을 풀었다가 교도관이 순찰을 돌 때에는 끼워두곤 하였다.

선생은 6·25 때 행방불명이 되어 죽었다고 생각했던 큰형을 13년 만에 만났다는 것 외에는 아무것도 한 것이 없었다. 아버지 대신인 큰형이어서 어렵고 무섭기도 했지만 살뜰한 정이 담뿍 들어 있던 그립기만 했던 형이었다. 그런 형이 사라진 지 13년 만에 돌아와 반갑게 만나고 헤어졌을 뿐이었다. 그런데 그것이 이유가 되어 선생은 간첩이 되어 교도소에 갇히게 되었다. 교도소에 조금씩 적응해 가고 마음의 여유를 조금씩 찾아가면서 선생은 사건에 대해 많은 생각을 하게 되었다. 시간이 지날수록 점점 괴로워졌다. 어느 날은 분노로 치를 떨었고 다른 날은 절망으로 고통스러워했다. 폭력과 고문으로 자신을 간첩으로 만든 수사관과 정부에 대해 분노했고 폭력과 고문을 견디지 못하고 항복한 자신에 대해 절망했다. 몸에 남아 있는 고문의 후유증으로 몸이 괴로울 때마다 다시 또 고문을 당한다면 역시 견뎌내지 못할 것이라는 생각에 두렵고 떨리고 비참했다. 스스로에게 실망하고 절망했다. 무엇보다 선생을 좌절하게 한 다른 한 가지는 집안이 풍비박산이 났다는 것이었다. 어린 시절부터 집성촌을 이루고 살아온 집안에서 자란 선생에게 집안은 삶의 뿌리이고 전부였다. 그런데 온 집안이 모두 간첩단 사건에 연루되어 절단이 난 것이었다. 가족뿐 아니라 친지들도 모두 울릉도를 떠났다. 울릉도에 남아 있는 사람은 없었다. 집안이 완전히 해체된 것이었다.

'이제 출감해봤자 어디로 가겠나…'
'이제 어디 가서 발붙이고 살 수 있겠나…'
'이제 끝났다…'
이런 생각들이 선생을 끊임없이 괴롭혔다.

선생은 5년의 형을 마치고 1979년에 출소하였다. 결혼한 지 1년 만에 선생은 체포되었고 간첩이 되어 영어의 몸이 되었다. 선생은 면회 온 아내에게 선생을 잊고 다른 곳으로 시집가라고 권유하였지만 아내는 선생을 기다렸다. 은행원이었던 아내는 조그만 구멍가게를 내서 생계를 유지하였다. 선생은 아내가 너무 고맙고 또 너무 미안했다. 일을 시작했다. 열심히 했지만 하는 일마다 잘되지 않았다. 처음에는 섬유공장에서 하청을 받아 일하는 작은 공장에 취직했다. 그 후 친구하고 종이박스공장을 차렸지만 영업이 잘 되지 않았다. 공장은 이내 망했다. 큰 회사에는 아예 취직을 할 수 없었다. 해외여행에 결격사유가 없어야 취업할 수 있었기 때문이었다. 한데 선생은 보안관찰을 받고 있었기 때문에 해외여행은커녕 이사도 마음대로 할 수 없는 처지였다. 이사를 가는 곳마다 주거지 관할 경찰서 보안과 소속 담당 형사의 노골적이고 직간접적인 감시를 받아야 했다. 그런데도 운 좋게도 어느 큰 화장품회사에 취업하게 되었다. 선생은 열심히 일했다. 7년 정도를 착실히 일하며 지내다 보니 생활도 조금씩 안정을 되찾아갔다. 한데 이번에는 결코 망할 것 같지 않던 큰 회사가 망해버린 것이었다. 회사를 그만두게 된 후 공인중개사 자격증을 따서 공인중개사로 일을 했지만 이 역시 수입이 좋지 않았다. 노래방도 해 보았지만 결과는 마찬가지였다. 그 이후에는 조그만 회사 이곳저곳을 다니며 달력도 만들고 청소 일도 했다.

살아가는 일이 정말 쉽지 않았다. 출소 이전에 가졌던 마음의 상처, 절망감, 패배감 등은 출소 후 산에 다니면서 대부분 치유하였으나 거듭된 실패는 새로운 상처를 안겨주었다. 자신감은 점점 사라지고 있었다. 스스로 너무 왜소하게 느껴져 괴롭기도 하였다. 그렇게 자괴감으로 괴롭고 의욕을 잃어가던 어느 날 그동안 까맣게 잊고 지내던 고향에 갈 일이 생겼다. 오랜 수형 생활로 고생하신 둘째 매부[2]의 진갑 잔치가 열린다는 것이었다. 매부는 사실 덕술이 형 문제에 대해 아무것도 모르고 있었고 한 일도 없었음에도 불구하고 재산도 다 잃고 오랜 감옥 생활을 하는 등 고생을 많이 했기 때문에 마음 한구석에 늘 미안한 마음을 가지고 있었다. 마땅히 가야만 하는 자리였다. 고향이라고 하지만 가고 싶지도 않고 생각하지도 않아 잊고 지내던 고향이었다. 그뿐인가. 한때는 원망하기도 하던 고향이었다. 울릉도처럼 외진 섬이 아니었다면 수사기관이 울릉도간첩단사건이라는 것을 그렇게 쉽게 만들어내지 못했을 것이라는 생각 때문이었다. 울릉도에 살지만 않았더라면 집안의 친지들이 모두 모여 살지도 않았을 것이니 울릉도간첩단사건 같은 것이 일어나도 집안 전체가 풍비박산나는 일은 없었을 것이라는 생각 때문이었다. 그런 원망으로 애써 잊고 지내던 울릉도에 갈 생각을 하니 애꿎은 울릉도를 원망하던 날을 잊은 사람처럼 불현듯 고향이 그리워졌다. 그리워 가고 싶던 곳을 애써 외면하며 살아온 날들이

---

2 전국술 선생의 둘째 매부는 이 글에도 나오는 손두익 선생이다. 손 선생의 부인인 전일순 씨가 전국술 선생의 누나이다.

바람에 마른 재 날리듯 사라지고 늘 그리워했던 것처럼 모든 것이 눈앞에 펼쳐지는 듯 보고 싶었다. 어린 시절 가서 놀던 봉래폭포도 그리웠고, 봉래폭포에서 흘러내린 물 흐르던 시냇물에도 발 담그고 싶었다. 어린 시절 여름이면 은어를 잡고 미역을 감았던 곳이었다. 개울가의 돌멩이 하나하나 생생하게 기억났다. 줄 맞춘 듯 개울 옆에 나란히 자리하고 있던 다랑이논도 보고 싶고 논둑길을 걷고 싶기도 했다. 바닷가의 검은 모래와 몽돌들, 보기만 해도 마음 든든해 늘 지켜줄 것만 같았던 바위들도 손 내밀면 만져질 듯 눈에 어른거렸다. 10여 그루 아름드리 동백나무 드리웠던 선생 살던 집도 어찌 되었는지 궁금하고, 지게를 지고 다니던 언덕길하며 뛰어다니던 골목길에 이르기까지 그립지 않은 것이 없었다.

고향 길에 올랐다. 1968년 7월 말경 고향에서 3일간의 휴가를 보내고 떠나온 후 23년 만에 찾는 고향이었다. 꿈 많았던 20대 후반에 떠나온 고향을 50대 초반이 되어 다시 찾아가고 있었다. 젊은 날에는 포항에서 울릉도로 들어가는 연락선을 타면 대부분 아는 얼굴들이었으나 20여 년이 지난 어느 여름날의 연락선에는 아는 얼굴이 없었다. 대부분 낯선 관광객들뿐이었다.

어둠 내린 지 오래였다. 출렁이는 물결을 따라 배가 흔들렸다. 23년 만에 고향으로 들어가는 배를 탔건만 마치 늘 타고 다녔던 듯 몸은 자연스러웠다. 물결 출렁일 때마다 몸도 함께 일렁였다. 깊은 어둠 드리운 바다는 불빛을 받을 때마다 뱃전에 부서져내렸고 파도는 배를 감싸며 밀어내는 듯했다. 세월 무심히 흘러 20대 후반의 청년이 50대 초반이 되어 있었지만 바다는 세월이 비켜간 듯 여일했다. 20여 년 전에 보고 만지던 그 바다였다. 모든 것이 변하였지만 바다는 그대로였다. 변하지 않은 것이 있다는 것만으로도 위로가 되었다. 배는 속도를 늦추고 있었다. 도동 포구가 가까워지고 있었다. 배가 도동항에 들어섰다. 선생은 울릉도의 관문이라 할 수 있는 도동항에 내렸다. 1991년 8월 4일 자정 무렵이었다. 비릿하며 습한 고향의 냄새가 숨결을 통해 들어왔다. 고향에 왔다. 마침내 고향에 발을 디뎠다.

23년 만에 찾은 울릉도는 모든 것이 변해 있었다. 은어를 잡고 미역을 감던 시내도 시멘트 포장으로 덮여 사라졌고 다랑이논들도 모두 자취를 찾을 수 없었다. 논들이 있던 자리에는 2층, 3층 집들이 빼곡히 들어서 있었다. 지게를 지고 오르던 언덕길도 시멘트로 포장된 차도로 변해 있었고 4대를 살아오던 옛집도 빼곡하던 아름드리 동백나무 숲도 모두 흔적조차 남아 있지 않았다. 선생이 공부하고 뛰어놀던 초등학교도 옮겨져 있었다. 바닷가는 촛대바위를 중심으로 어업전진기지가 생기면서 커다란 부두가 들어서 있었다. 바닷가의 검은 모래, 몽돌들 따위는 애초에 없었던 듯 흔적도 찾을 길이 없었다. 바닷가에는 몽돌 대신 상점과 여관, 다방 등 관광객들을 위한 시설들이 들어서 있었다. 어린 시절의 친구들도 모두 떠나고 남아 있는 친구들은 꼽기도 어려울 정도였다. 너무나 생경하고 낯설었다. 충격적이었다. 배신감마저도 들었다.
 '아무리 오랜만에 왔다고 하지만 어떻게 이럴 수 있는가? 어떻게 이렇게 모든 것이 변할 수 있는가?'
 잃어버린 자기의 삶처럼 고향도 모든 것을 잃어버린 것 같아 견딜 수 없이 슬프고 아팠다. 잃어버린 자신의 삶을 이제 어느 곳에서도 위로받을 수 없겠구나 하는 생각 때문이었는지 주체할 수 없이 눈물이 쏟아졌다. 어찌 해볼 도리가 없이 쏟아졌다.
 '이제 어디에도 발 디딜 곳이 없고 소속될 곳이 없구나.'
 그런 생각 때문이었는지 외롭고 쓸쓸했다. 고향을 떠나고 간첩이 되어 갇히고 두려움과 좌절 속에서 지내온 지난 20여 년의 세월이 억울하고 분했다. 모든 것이 변해 있었다. 선생의 삶도 영원한 마음의 고향이었던 울릉도도 변해 있었다. 낯선 고을이 되어 있었다. 고을만 낯선 것이 아니었다. 사람들도 여전히 낯설었다. 20여 년이라는 짧지 않은 세월이 지났건만 사람들은 여전히 선생을 환영하지 않았다. 선생이 울릉도에 왔음을 안 동창이나 후배들은 모두 선생을 피하고 만나지 않았다. 바쁜 일이 있다고 모두 자리를 피했다. 선생이 만날 수 있었던 사람은 집안의 먼 동생뿐이었다. 매부의 진갑연에 다녀온 날 밤 선생은 집안의 동생과 밤을 도와 술을 마셨다. 폭음을 했다. 모든 것이 분하고 원통했다. 농사짓고 나무하며 밤을 새워 공부하던 날들도, 국립체신대학을 다니며 꿈을 키우던 시절들도, 5·16 군사쿠데타도, 연세대학교에서의 학창 시절도, 사랑하는 아내를 만났던 은행원 시절도, 부산에서의 꿈같았던 신혼 시절도, 체포와 중앙정보부에서의 며칠도, 서대문구 현저동 101번지의 서대문교도소와 광주 문흥동 88-1번지의 광주교도소에 이르기까지 모든 시간들이 원망스럽고 분했다.

'도대체 나는 무엇을 하고 살아온 것인가?'

괴롭고 힘들었다. 다시 서울로 돌아가면 당장 호구지책에 부대끼며 허덕여야 하는 현실도 괴로웠다. 금의환향은 차치하고 무슨 중죄인이라도 된 것처럼 조심스럽게 고향에 들어와야 하는 자신의 모습도 한심하고, 아직까지도 선생을 피하는 고향 사람들을 보며 또한 절망했다.

애써 잊으려 하였지만 꿈에도 잊지 못하고 그리워하던 고향이었건만 고향은 이미 고향이 아니었다. 삶은 이미 예전의 다복하고 희망 가득하던 삶이 아니었다. 그날 밤 선생은 술로 자신의 삶을 씻어내려는 듯 마시고 마셨다.

선생은 그렇게 23년 만에 찾은 그리던 고향 울릉도를 떠났다. 어린 시절 오르곤 했던 성인봉에도 올라보고 싶었고 섬 일주도 해보고 싶었지만 모든 것을 포기하고 배에 올랐다. 가슴 설레었던 귀향은 그렇게 48시간 만에 끝났다. 어느 곳인지 어디인지 알 수 없는 새로운 고향을 향한 귀향길이었다.

울릉도 바다는 푸르고 파도는 높았다.

하늘은 여전히 맑고 높았다.

먼 길

전동희 선생 이야기

그날 밤은 울릉도의 어느 겨울날보다 바람 세찼다. 내린다던 눈은 내리지 않았지만 여느 날과 달리 날 차고 바람 매서웠다. 찬바람이 벽을 타고 들어왔고 바람 소리가 창을 넘어 들어왔다. 창을 넘어 들어온 바람 소리는 아주 먼 곳에서 들려오는 북소리처럼 들리다가도 다시 들어보면 섬 저편 끝에서 누군가의 이름을 소리쳐 부르는 소리 같기도 하였다. 창밖을 지나는 바람 소리는 만선의 고깃배를 맞이하고 있는 포구처럼 시끌벅적 요란스럽기도 했다.

'바람 소리가 어찌 북소리 같고 사람 부르는 소리 같을까?'

벽을 타고 들어온 한기와 심상찮은 바람 소리에 잠이 깨었던 동희는 바람 소리를 듣다가 설핏 잠이 들었다. 발소리가 들려왔다. 한두 사람의 발소리가 아니었다.

'아니, 무슨 바람 소리가 발소리 같을까? 참 요란하기도 하구나.'

그 순간 방문이 덜컹 열리고 찬바람이 왈칵 몰려들었다. 낯선 사람들이 들이닥쳤다. 꿈결에 들리던 그 소리는 바람 소리가 아니라 사람들의 발소리였던 것이었다. 검정 양복을 입고 있었다.

"당신이 김용희지?"

그들은 다짜고짜 어머니를 끌고갔다. 만 세 살짜리 막내만 집에 내버려둔 채 동희와 두 동생도 데려갔다. 옷을 제대로 입을 사이도 없이 길을 따라나섰다. 서둘러 입느라 얼기설기 걸쳐진 옷매무새를 매만지며 걸었다. 아침이 오지 못한 새벽은 아직 어둠 내려 있어 캄캄했다. 세찬 바람이 옷섶을 헤집고 들어왔다. 저도 모르는 사이에 옷깃 여몄다. 무슨 일인지도 알지 못한 채 그저 어머니를 따라갔다. 어머니를 데려가는 검정 양복을 입은 사람들을 따라갔다. 너무 놀라 한마디도 할 수 없었다. 찬바람 탓인지 놀랐던 마음이 조금씩 가라앉기 시작했다. 그러자 두려움과 공포가 밀려왔다.

산길로 들어섰다. 며칠 전 내린 눈이 제법 쌓여 있었다. 길에서 조금이라도 벗어나면 무릎까지 차올랐다. 때아닌 사람들의 발소리에 놀라 잠에서 깬 새가 푸드득 소리를 내며 날아갔다. 흑비둘기 날갯짓 소리 같았다.

'저 새도 나처럼 잠에서 깨어 어딘가로 가는구나.
저 새는 어디로 가는지 알고 있을까?
우리는 어디로 가는 것일까?
어머니는 어디로 가는지 알고 계실까?'

먼길 139

여러 가지 생각들이 연이어 마음에 일었다. 얼마나 걸었을까. 동이 트고 있었다. 바다에서 찾아온 아침은 이내 숲으로 찾아들더니 늘 다녀 익숙하다는 듯이 산길로 스며들었다. 빛이 깃들고 있었다. 어둠은 조금씩 물러나고 있었다. 어슴푸레한 아침 사이로 동백나무가 희미했다. 어둠 남은 탓인지 빛 깃든 탓인지 붉은 동백꽃 더욱 붉어 보였다. 선연했다. 어느새 온몸에 땀이 배어 있었다.

도동경찰서였다. 경찰서로 들어서자마자 어머니는 다른 곳으로 끌려갔는지 보이지 않았다. 동희와 두 동생만 겁에 질려 어찌 해야 할지 모른 채 한쪽에 우두커니 앉아 있었다. 조금 있자 집안 어른들이 하나둘 들어왔다. 모두들 얼굴에 두려움 가득했다.
"너희들도 와 있었구나!"
집안 어르신 누군가 말 한마디 건넸다. 어느 분의 말씀이었는지 무슨 말이었는지 알 수 없었다. 뭐라 대답했는지 기억나지도 않았다. 아무도 큰 소리로 말하지 않았다. 모두들 긴장된 얼굴로 서로를 보며 안부를 묻고, 알고 있는 내용들을 목소리 낮추어 나누고 있을 뿐이었다. 동희의 아버지 전영관 선생 이야기도 나왔다. 여러 날째 집을 비우고 있었던 아버지는 이미 며칠 전부터 경찰서에 들어와 있었던 모양이었다. 그렇게 얼마나 앉아 있었을까. 창밖은 이미 환했다. 아침이었다. 지난밤 아무 일도 없었다는 듯이 여느 날처럼 똑같이 아침이 왔다. 경찰서만 아니라면 한바탕 꿈을 꾼 것처럼 생각이 들 정도로 창을 통해 들어오는 아침 햇살은 싱그러웠다. 지난밤 그리도 세차게 불던 바람도 잦아들었고 코발트빛 바다를 닮은 하늘은 푸르기 이를 데 없었다. 소풍 가는 날처럼 화창했다.

'하늘 참 맑구나….'

창 너머로 하늘을 바라보았다. 낯선 목소리가 가까이서 들려왔다.

"너희 아버지와 어머니는 더 조사할 것이 있어 갈 수 없다. 너희들은 가도 되니, 이제 집으로 가거라."

세 남매는 영문도 모른 채 왔던 길을 아무것도 알지 못한 채 다시 걸어갔다. 집으로 향했다. 조금 전 어둠 가시지 않은 새벽에 걸어온 길인데도, 날 밝은 탓인지 다른 길인 것처럼 눈에 익지 않았다. 자주 다니던 길이었는데도 지나온 적 없는 낯선 길처럼 생경했다. 다리가 풀렸는지 걷기도 힘들었다. 천천히 아주 천천히 주위를 둘러보며 걸었다. 낯선 느낌들이 조금씩 사라져갔다. 자주 다녔던 익숙한 길이라는 것을 느끼자 온몸에서 힘이 빠져나갔다. 털썩 주저앉았다. 숲 저편에서 바람 불어왔다. 온몸에 열이 올라 있었는지 바람이 차게 느껴지지 않았다. 시원했다. 나무들이 보이기 시작했다. 천년을 산다는 주목을 닮았다는 회솔나무가 의연하게 자리하고 있었다. 멀지 않은 곳에 서 있는 너도밤나무는 말끄러미 바라보고 있는 것 같았다. 나무를 타고 오르고 있는 등수국 넝쿨도 보이고 잎 떨어져 앙상한 줄기만 남은 송악 덩굴도 보였다. 도동을 오고갈 때면 늘 지나던 그 길이었다. 그제야 조금씩 마음이 안정 되었다.

"엄마아빠, 며칠 있으면 오실 거야. 걱정 마라. 춥다. 감기 걸리겠다. 어서 집에 가자."

동생들을 위로하며 집으로 향했지만 자신도 어찌 될지 알 수 없었다. 그저 막연히 '빚쟁이들이 경찰서에 고소를 해서 잡혀가셨나 보구나…' 하고 생각하였을 뿐이었다. 일이 잘 처리되어 아버지와 어머니가 아무 탈 없이 돌아오시기만을 바랄 뿐이었다.

그날 새벽 도동경찰서로 들어가시던 어머니의 모습이 10년이라는 긴 이별의 시작인 줄은 꿈에도 생각할 수 없었다. 어린 세 동생을 데리고 있는 중학교 1학년 소녀에게 10년은 일평생보다 긴 시간이었을 것이다. 어머니와의 이별만 준비되어 있었던 것이 아니었다. 며칠 전부터 집에 들어오시지 않던 아버지와는 영영 이별하게 되는 순간이었다.

경찰서로 끌려간 아버지 전영관은 수사기관이 남파간첩이라고 발표한 장조카 전덕술에게 포섭되어 월북하였을 뿐 아니라 노동당에 입당하고 북한을 이롭게 할 목적으로 간첩활동을 하였다는 이유로 사형을 당하였다. 또한 어머니 김용희 선생은 남편 전영관에게 포섭되어 노동당에 입당하였고 전영관의 활동 내용을 인지하고서도 신고하지 않았다는 이유 등으로 징역 10년, 자격정지 10년의 중형을 받았다. 물론 이런 일들이 벌어지리라는 것은, 당시 중학교 1학년의 어린 소녀는 말할 것도 없고 당사자인 전영관 선생과 김용희 선생조차도 상상하지 못했던 일이었다.

독재정권의 권력 유지에 혈안이 되어 있던 유신정권은 중학교 1학년과 초등학교 어린이 2명 그리고 만 세 살의 아이들만 남겨둔 채 부부를 함께 구속하는 야만적인 폭거를 아무렇지도 않게 자행한 것이었다. 너무나 당연히 아이들의 남겨진 삶은 오로지 아이들 스스로의 몫이었다. 야만적이고 무참한 시대였다. 부끄러운 시대의 초상이었다.

그날 이후 사남매는 고아 아닌 고아가 되었다. 아이들만의 생활이 시작되었다. 만 세 살인 막내는 매일 엄마를 찾으며 울고 보챘다. 밥도 먹지 않아 점점 야위어갔다. 힘들고 고단한 날들의 연속이었다. 그런 중에도 어머니와 아버지가 머지않아 돌아오실 것이라는 희망을 붙들고 하루하루 지내고 있었다.

그렇게 지내던 3월 어느 날이었다. 학급 조회시간이었다. 반장이었던 동희가 일어나 여느 날처럼 선생님께 전체 인사를 하려고 하자 선생님은 부반장에게 아침조회 인사를 시켰다. 조회 후 선생님은 동희를 교무실로 데리고 갔다. 신문을 보여주었다. 동희에게 어머니와 아버지에 대해 말씀해주셨다. 신문에 발표된 사건에 대해 설명해주셨다. 동희는 아무 말도 할 수 없었다. 그저 눈물만 쏟아졌다.

신문에는 아버지와 어머니의 기사가 크게 나왔다. 중앙정보부가 울릉도를 거점으로 암약한 대규모 간첩단을 검거했다는 발표가 대서특필되어 있었다. 아버지가 우두머리이고 그 아래로 붙들려 간 친척들의 얼굴이 빠짐없이 나와 있었다. 큰아버지와 사촌 오빠의 모습도 보였다. 한 번도 본 적 없는 전라도 사람들의 얼굴도 여럿 있었다. 이른바 울릉도간첩단사건이었다.

신문에 기사가 나온 후 모든 것이 달라졌다. 살가운 이웃으로 가깝게 지내던 동네 사람들도 변하였다. 동희와 동생들이 지나갈 때마다 수군거리고 손가락질하였다. 때로는 집에 찾아와 무엇인가 찾고 있는지, 마루 밑을 들여다보고 뒤지기도 하였다. 어떤 날은 술 먹은 아저씨가 찾아와 "전영관이 나와! 이 간첩 새끼 나오란 말이야!" 하고 소리지르고 욕하고 문을 부수기도 하였다. 어느 날 갑자기 간첩의 딸이 되어버린 자신의 처지가 두렵고 떨렸다. 동네 사람들도 모두 무섭게 변해버린 것 같았다. 두려움 가득한 공포의 날들이었다. 울며 잠이 들고 울며 눈을 뜨던 날들의 연속이었다.

그날 이후 학교에서도 외톨이가 되었다. 위로하고 도와준 친구들도 있었지만, '간첩의 딸'이라고 놀림을 많이 받았다. 그런 놀림을 받으면서도 동희는 만 세 살짜리 막내동생을 집에 홀로 둘 수 없어 학교에 데려가곤 하였다. 책상 밑에 들어가 있게도 하였지만, 애초에 가능한 일이 아니었다. 금방 선생님에게 들켜 수업에 방해된다고 혼나기도 하였다. 동희의 사정을 이해해주시는 선생님들이 교무실로 데려가 돌봐주시기도 하였지만 동정을 받는 것도, 신세를 지는 것도 싫었다. 그런저런 우여곡절 끝에 막내를 운동장 모래판에서 놀게 하기도 하였다. 다행히 막내는 모래판에서 노는 것을 재미있어했지만, 수업이 끝나고 오면 어딘가로 사라지고 없어 찾아다닌 날이 한두 번이 아니었다. 그러던 어느 날 막내를 다시는 학교에 데리고 가지 않게 되는 일이 발생하였다. 수업이 끝나자마자 동희는 막내에게 잰걸음으로 가고 있었다. 막내 곁을 친구들이 지나며 무슨 말인가를 하고 있었다. 거리가 있어 들리지는 않았지만, 자격지심 때문이었는지 막내를 놀리고 있는 것 같았다.

"쟤가 동희 동생이야."

이렇게 말하며 손가락질하고 있는 것 같았다. 그 일이 있은 후 동희는 막내를 학교에 데리고 가지 않았다. 집에 홀로 놓아둘 수도 없었고 학교에 데리고 갈 수도 없게 되었던 것이다.

생계도 막막하였다. 친척들도 대부분 구속되었고 가문 전체가 쑥대밭이었다. 도움받을 곳도 마땅치 않았다. 게다가 오징어 배는 나라에 압수되었다. 어린 동희는 동생들과 살아가기 위해 집 마당과 옥상에 오징어 건조대를 설치했다. 100축, 200축씩 건조했다. 추운 겨울날에도 옥상에서 오징어 발을 떼느라 손발이 얼기 일쑤였다. 그렇게 해서 번 돈으로 겨우 생활을 꾸려갈 수 있었다. 집은 경매로 넘어갔다. 조금 남아 있는 은행 대출을 갚지 못하자 은행에서 경매에 부친 것이었다. 집에서도 쫓겨났다. 은행 빚을 갚고 조금 남은 돈으로 단칸방을 얻고 살아갔다. '어린 것들이 무슨 죄가 있느냐'며 몇몇 어르신들은 음식과 쌀을 갖다주시기도 하였다.

예상치 못했던 가난하고 고단한 삶을 잘 견뎌내던 동희가 고등학교에 입학한 해에 새로운 시련이 닥쳤다. 울릉도를 떠나게 되는 일이 생긴 것이다.
'얼마 안 있으면 분명히 아빠가 돌아오실 거야.
아빠가 못 오시면 엄마라도 돌아오실 거야.'
스스로 품은 희망으로 위로하며 견뎌온 3년의 세월이었지만 재판의 결과는 모든 희망을 단숨에 꺾어버리기에 충분했다. 아버지는 1심에서처럼 사형이 확정되었고 어머니 역시 징역 10년 형이 확정되었다. 너무 큰 충격으로 가슴이 먹먹하고 머리는 텅 빈 듯 아무 말도 할 수 없었다. 그렇게 다정하시던 아버지가 돌아가신다는 생각을 하니 앞이 캄캄하기만 할 뿐 무엇을 어찌 해야 할지 아무런 생각도 나지 않았다. 언제나 살뜰히 살펴주시던 어머니와 아직도 7년이라는 긴 세월을 떨어져 살아야 한다고 생각하니 그저 눈물밖에 나오지 않았다. 어떻게 살아가야 할지 막막하기만 하였다. 하지만 최악의 상황은 다른 곳에서 잉태되고 있었다. 최악의 재판 결과는 어린 사남매의 삶을 최악으로 몰아넣고 있었다. 동네 어르신들은 보호자가 없는 어린 사남매를 더 이상 지켜볼 수만도 없고 도울 수도 없어 고아원으로 보내기로 결정하였다. 그것도 사남매를 다같이 받아주는 곳이 없어 제각기 뿔뿔이 헤어져 다른 고아원으로 가야만 했다. 평소에 사남매를 불쌍히 여겨 살펴주시던 어르신으로부터 저간의 사정을 듣는 순간 동희는 정신이 번쩍 들었다. 어떻게 그런 생각을 하게 되었는지, 어디서 그런 용기가 났는지 알 수 없었다. 하지만 분명하게 말하였다.

"그럴 수는 없습니다. 우리 사남매는 절대로 고아원에 가지 않겠습니다. 제가 학교를 자퇴하고 돈 벌어서 동생들과 살아가겠습니다."

그리고 학교를 바로 자퇴하였다. 열일곱 살이 된 동희는 그렇게 자신이 태어나고 자란 땅, 산이 많고 숲이 많은 섬 아름다운 울릉도를 떠났다.

눈부시게 맑은 날이었다. 바람 잔잔하고 구름 한가로웠다. 하지만 뱃고동 소리는 서글프게 울리던 날이었다.

대구로 이사와 이모가 운영하던 버선 만드는 공장에 '시다'로 취업을 하게 된 동희는 울릉도에 남겨 둔 동생들을 데려왔다. 어린 두 동생의 손을 잡고 막내동생을 둘러업은 채 새로운 보금자리로 들어왔다. 눈썰미가 있고 손재주가 남다른 동희는 시다로 시작하여 곧 미싱 보조가 되었고 이내 미싱사가 되었다. 오후 5시가 되면 만든 버선들을 머리에 가득 이고 교동시장으로 팔러 가곤 하였다. 가끔은 친구들을 만나기도 하였고 때로는 학교를 마친 후 버스를 타고 돌아오는 친구들을 보게 되기도 하였다. 친구들은 무엇이 그리 즐거운지 재잘거리며 웃고 있었다. 교복도 입어보고 싶었고 친구들도 부러웠다. 친구들과 함께하지 못하는 자신의 처지가 원망스럽기도 하였다. 하지만 동생들을 생각하고 엄마를 생각하며 견뎌냈다. 그녀는 누구에게도 이런 마음을 내비치지 않았지만 아주 드물게 어머니에게만은 마음의 일단을 보이곤 했다. 어머니에게 보낸 그녀의 편지는 자신의 고단함을 어머니에 대한 애정과 함께 전하고 있었다.

어머니!
저도 인간이기에 짜증나는 때도 있었고 속상할 때도 있었어요.
추운 겨울날 저녁마다 버선을 가지고 시장에 갈 때
가기 싫은 적도 있었지만…
저는 그럴 때마다 어머님의 그곳 생활을 생각하노라면
춥다는 말이 들어가고 마음이 아파옵니다.
여자의 몸으로써 10년이라는 긴 세월 동안
불기운 하나 없는 그곳 생활을 하시는 어머님!
우리가 함께 사는 날,
저의 성의껏 모든 정성을 다해 어머님 따뜻하게 모시겠어요.

1982년 2월 19일
엄마의 딸 동희 드림

공부도, 하고 싶은 것도 많았지만 돈을 벌기 위해 포기해야만 했던 눈물 어린 세월 지나며 어린 동생들을 지켜내는 동안, 그녀의 몸은 흐르는 시간보다 빨리 망가졌다. 어린 시절 받은 심적 충격과 절망적인 현실, 고단한 삶으로 인해 받은 스트레스와 과로 등으로 인해 30대 중반의 젊은 나이에 신장이 이미 망가져 있었다. 말기신부전증이라는 진단을 받았다. 그 이후 지금까지 인공투석기에 의지해 생명을 이어오고 있었다.

전동희 선생을 만나기 위해 그녀의 집을 찾았다. 선생은 아직 도착하지 않았다. 차를 세우고 집 사이로 난 골목길을 걸었다. 나는 선생을 대구에서 열렸던 울릉도간첩단사건 고문 피해자 치유 모임에서 처음 보았다. 모임이 끝나는 날이었다. 선생은 나와 다른 테이블에 앉아 있었다. 다른 피해자 가족들과 달리 유별나게 잘 웃으며 이야기 나누고 있었다. 해맑은 웃음이었다. 이 땅에서 간첩의 가족이라는 이름으로 살아온 날들이 매우 힘들었을 것인데도 그렇게 웃을 수 있다는 것이 놀라웠다. 모습만으로는 지나온 삶을 전혀 알아차릴 수 없었다. 단란하고 행복한 삶을 살아온 평범한 가정주부의 모습이었다. 그녀의 지나온 삶과 지금의 모습이 잘 연결되지 않았다. 더욱이 그녀가 살아온 삶에 대한 이야기를 얼핏 들은 후에는 그저 놀라울 뿐이었다. 어떻게 그렇게 해맑은 웃음을 잃어버리지 않을 수 있었는지 이해되지 않았다. 만나보고 싶었다.

다소 흥분되고 설레는 마음을 가라앉히며 골목을 걸었다. 낮 시간이어서 그런지 동네는 조용했다. 지은 지 제법 오래된 듯 보이는 빌라들과 기와를 얹은 단층집들이 사이좋게 어울려 있었다. 갈라진 담들도 정겨워 보였고 땅이 주저앉아 울퉁불퉁해진 보도블록들도 다정하게 느껴졌다. 12월이 가깝게 느껴지는 11월 하순의 초겨울 날씨였지만 춥지 않았다. 이른 봄날처럼 적당히 햇살 그리웠고 골목을 간간이 지나는 바람은 선선하기만 했다.

"목사님, 먼저 오셨네요!"

돌아보니 전동희 선생이 환하게 웃고 있었다.

"어서 들어오세요."

집은 정갈하게 정돈되어 있었다. 벽에 기대앉은 오래된 소파는 집의 일부 같았고, 격자무늬 테이블보가 덮여 있는 낮은 탁자는 안정감을 주었다. 벽에는 아이들의 어린 시절 모습이 담겨 있는 사진과 가족들의 사진이 예쁜 액자에 담겨 걸려 있었다. 베란다에는 화분들이 가득했다. 생명의 온기를 느낄 수 있었다.

커피를 한 모금 마셨다. 다소 골목을 서성인 탓인지 따뜻한 커피 한 모금에 몸이 풀리는 느낌이었다. 커피향이 온몸으로 번져나가는 듯했다.

"건강이 어떠세요? 몸이 많이 아프시다고 들었는데요."

그녀는 웃는 듯했다. 회한이 깃들어 있는 것 같은 웃음이었다. 애잔했다.

"몸 아픈 이야기 하려니 좀 쑥스럽네요. 자랑도 아니고… 몸에 미안하지요. 여기저기 안 아픈 곳이 없어요. 심장이 약해요. 빈맥이래요. 남들보다 두 배로 빨리 뛴다고 하더군요. 혈관도 가늘고 간경화 증상도 있고… 말기신부전증으로 투석한 지도 17년 되었고… 이틀에 한 번씩 해야 되거든요. 안 아픈 곳이 없어요. 여기저기 아픈 것도 문제지만 약의 부작용은 더 큰 문제예요. 약을 계속 먹다보니 기관지도 안 좋아지고 위도 아프고…. 또 6년 전에는 투석 합병증으로 유방암 수술도 했어요. 한마디로 전 종합병원이에요."

그녀는 "종합병원이에요"라고 말하며 마치 다른 사람 이야기를 하듯 웃고 있었다. 슬픔이나 회한 따위는 찾아볼 수 없는 해맑은 웃음이었다.

'어떻게 저렇게 웃을 수 있을까?'

이런 내 생각을 알고 있다는 듯 그녀는 말을 이었다.

"종합병원이기는 하지만…, 그래도 너무나 감사해요. 일을 할 수 있어 감사하고 걸어다닐 수 있어 감사하고 운전할 수 있어 감사하고 또 말을 조리 있게 할 수 있어 감사하고…. 지금도 이틀에 한 번씩 우울증이 와요. 투석을 하고 나면 심하게 우울증이 와요. 처음 투석을 해야 한다고 의사 선생님께 들었을 때는 절망적이었지요.

'내게 왜 이런 일들이 생기는 것일까? 내 삶은 불행으로 점철되어 있구나…. 아무리 벗어나려 해도 안 되는구나….'

매일 원망하고 절망하며 울었지요. 또 투석을 시작한 후에도 우울증으로 인해 힘들었어요. 아플 때마다 가족들을 너무나 힘들게 하기도 했어요. 그러다가 어느 날 '이렇게 살면 정말 안 되겠구나' 하는 생각을 하게 되었어요. 저도 가족들도 모두 너무 괴롭잖아요. 그때 마음을 바꿨어요.

'이왕 이렇게 된 것 감사하며 살자.'

그렇게 생각을 바꾸고 나니 평소에는 하지 못하던 다른 생각들을 하게 되더군요. 직장을 다녀야겠다고 생각했지요. 이 병은 어차피 평생을 투석해야 하는 것이니 최소한 치료비는 내가 벌어야겠다고 생각했어요. 긴 병에 장사 없다고 하잖아요. 그래서 보험 일을 시작했어요. 아무리 감사하며 살자고 해도 어느 날은 투석을 하고 나면 심하게 우울증이 오기도 하지요. 그래도 다음날은 출근을 해야 하니 억지로라도 마음을 새롭게 하지요. 만일 제가 일을 하지 않았다면 우울증으로 인해 벌써 어떻게 되었을지도 몰라요. 그러니 일을 할 수 있다는 것이 정말 고맙지요. 아까 말씀드린 것처럼 운전을 할 수 있는 것도 너무 감사하고요. 마음 울적해 홀로 어떻게 할 수 없을 때는 차를 몰고 어디든지 갈 수 있잖아요. 바람 쐬러 가고 싶을 때 아무 때나 갈 수 있어 좋아요. 사실 그것만으로도 감사하지요."

신앙의 도움을 받아 힘들고 고단했던 날들을 견디어낸 선생은 진심으로 감사하고 있는 것 같았다. 그것은 지혜로운 선택이기도 했다. 어른들도 견디기 힘든 절망적인 삶을 견뎌내야 했던 어린 소녀가 선택할 수 있는 유일한 길은 스스로를 변화시키는 것뿐이었을 것이다. 힘들고 고단했던 20대를 성실함으로 이겨내고 겨우 사람답게 살아보려 할 때 찾아든 말기신부전증으로 인해 품게 된 절망을 이기는 길 또한 그래도 감사하는 것 외에는 다른 방도가 없었을 것이다.

나는 선생의 말을 들으며 마음 한구석이 아려와 견딜 수 없었다. 너무 마음이 아팠다. 눈물이 쏟아지려는 것을 참느라 애를 써야 했다. 결코 이해할 수도 없고 받아들일 수도 없는 현실을 받아들이고 살아가기 위해 어린 소녀가 '그래도 감사하자!' 하며 스스로를 애써 설득하고 다짐하며 눈물 흘렸을 그 긴긴 밤들이 그대로 전해져왔기 때문이었다. 눈물 어린 성실함으로 모든 시련을 이겨냈을 때 찾아온 병마와 자신의 인생에서 떠나지 않는 불행을 어찌할 수 없음을 깨닫고 삶을 포기하고 싶어질 때마다 '그래도 감사하자!'며 스스로를 추스를 수밖에 없었던 그 순간의 감정들이 한 올 한 올 그대로 느껴졌기 때문이었다. 진심이 담긴 그녀의 감사가 원치 않았던 삶으로부터 강요된 감사였던 것 같아 견딜 수 없이 아팠다. 그녀는 아버지나 어머니보다 훨씬 가혹한 삶의 감옥에 갇혀 감사를 강요당하고 있었던 것 같아 너무 안쓰럽고 불쌍했다. 나는 마음 들킬까 저어하여 겨우 마음 추스르고 말을 이었다.

"신장 이식수술을 받으시지 그러세요? 알아보셨어요?"

"오래전에 이식수술을 받을 기회가 있었는데 기증자가 뇌사자도 아니었고… 또 아는 분이라 받을 수 없었어요. 이식수술을 받은 후

행여 그 사람이 조금이라도 아프면 평생 미안한 감정을 지울 수 없을 것 같아서요. 평생 책임져야 할 것 같은 느낌이 들어 차마 받을 수 없었어요. 요즘 다시 수술받으려고 알아보고 있어요."

"잠시 쉴까요?"

그녀는 베란다의 화초들을 살폈다. 잎을 하나하나 정성스럽게 닦았다. 생명을 느끼는 손길이었다. 나는 잠시 집 밖으로 나갔다. 찬바람을 맞고 싶었다. 저녁이 가까워오고 있었다. 날은 추워졌지만 바람은 불어오지 않았다. 어스름이 골목 어귀로부터 깃들고 있었다. 어스름을 따라 한기가 몰려오고 있었다. 하지만 집 안은 따뜻했다.

"아버지가 북한에 가셨던 것은 아셨어요?"

"몰랐어요. 어떻게 알았겠어요? 당연한 얘기지만… 말씀해주시지도 않았고요. 아버지는 위장병을 앓으셨어요. 그래서 위를 고치러 일본에 갔다오신다고 하셨지요. 그런데 나중에 알고 보니 일본에 가셨던 것이 아니라 북한에 갔다온 것이었지요."

"전덕술 선생과 함께 가셨잖아요? 왜 가셨는지 혹시 아세요?"

"아버지가 법대를 나오셨고 세무사 일도 하시던 분이니, 반공법 등 당시 법을 몰랐을 리는 없었겠지요. 나중에 알고 보니 덕술 오빠가 아버지에게 돈을 준다고 했다더군요. 아버지는 틀림없이 그 돈을 받으러 간 것이었을 것이에요. 뭍에 계실 때는 잘살았는데 울릉도로 오시고 나서는 경제적으로 너무 힘들어지셨거든요. 자존심도 상하셨을 것이고 처자식들을 고생시키는 것이 싫으셨겠지요. 그러니 덕술 오빠가 와서 북한에 돈을 많이 벌어놓았는데, 가서 그 돈을 가져다가 장사하면 된다고 하니 따라나섰던 것이지요."

그래서 전영관 선생에게 포섭되어 북한에 다녀온 것으로 발표되었던 김용득 선생은 최후진술에서 다음과 같은 요지의 말을 했던 것이다.

이북에 갔다온 것은 사실입니다. 이북에 간 것이 잘했다는 것은 아닙니다. 그에 대한 처벌은 받겠습니다. 돈을 받아온 것도 사실입니다. 하지만 돈을 받은 대가로 이북에서 하라는 것은 하나도 하지 않았습니다. 돈을 이북에서 받고 하라는 것은 하나도 하지 않았으니, 내가 북한을 해롭게 했으면 했지 어떻게 이롭게 했단 말입니까. 그러니 이북에서 나를 사기죄로 고소해서 벌을 주려고 하면 모르지만, 왜 북한에 손해를 끼친 나를 남한에서 벌주려고 합니까?

그들은 돈을 벌기 위해 위험을 무릅쓰고 북한에 갔던 것이다. 그러하기에 북한에게 돈을 받고 한 일이 없으니 북한을 해롭게 했다고 말하였던 것이었다. '북한을 해롭게 했으니 남한에게는 이로운 행동'이라는 것이 그의 주장이었다. 그들은 북한을 다녀왔다는 사실만으로도 한동안 불안한 나날을 보냈을 것이었다. 반공을 국시로 한 5·16 군사쿠데타 정권은 날이 갈수록 반공정책을 강화해 나갔으니 말이다. 그들은 자신들의 불안감을 가라앉히기 위해서라도 자신들의 행위에 대한 나름대로의 정당성을 부여할 필요가 있었고, 그것을 위해 김용득 선생이 찾아낸 논리가 바로 '우리가 했던 행위는 북한을 이롭게 한 것이 아니라 불리하게 만든 것'이라는 것이었다. 돈은 받았지만 북한을 위해서 한 일이 없으니 북한에게는 손해요 남한에게는 이익이라는 식의 논리였던 것이다.

나는 이 말이 참으로 그럴듯하다고 생각되었다. 요즘 우리 시대의 눈으로 보면 이해하기 쉽지 않지만, 그들이 돈을 벌기 위해 북한에 갔다왔다는 것은 1960년대 초반의 시대상황에서 보면 불가능한 일도, 전혀 이해할 수 없는 일도 아니었을 것이다. 하지만 세월이 흐르면서 시대상황은 변하였다. 그들 자신조차도 잊고 있었던 1960년대 초반의 사건이, 1974년이라는 시내상황 속에서 대규모 간첩단 사건인 울릉도간첩단사건으로 만들어졌던 것이었다.

초인종이 울렸다.
"엄마가 오신 모양이에요. 오신다고 했거든요."
그녀는 함빡 웃으며 말했다. 문이 열리며 전영관 선생의 부인이자 그녀의 엄마인 김용희 선생이 들어섰다. 10년간의 감옥 생활을 견뎌낸 75세의 노인이라고는 도저히 믿기지 않는 얼굴이었다. 얼굴은 맑고 희었고 자세는 젊은이들처럼 꼿꼿했다. 60대 초반처럼 보였다.

"아니, 김용희 선생님은 따님보다 더 피부가 좋으시네요."

내 이야기가 싫지 않으신 듯 활짝 웃으면서도 손을 살래살래 흔들었다.

"아이고! 목사님, 그런 소리 마세요. 우리 딸내미가 훨씬 예쁘지요."

한바탕 웃고 났더니 다소 우울했던 기분이 좀 나아졌다.

전영관 선생의 사형은 그녀가 18세 때 집행되었다.[1] 이모 집으로 연락이 왔다. 서둘러 서울로 올라갔다. 전영관 선생은 천주교에 귀의하여 세례를 받았다.[2] 아버지는 영치금을 하나도 쓰지 않고 모아 놓고 있었다. 오랜 감옥 생활에서 필요한 것이 많았을 텐데도 하나도 쓰지 않고 남겨둔 것이었다. 아버지 노릇을 하지 못한 미안함과 자녀들을 위한 마음이 그대로 전해졌다. 어린 자녀들만 밖에 남겨둔 채 감옥에서 지내야 했던 아버지의 애끓는 마음이 그대로 전해졌다. 한 달에 한 번씩 받을 수 있었던 아버지의 편지에는 아버지의 이러한 마음이 그대로 담겨 있었다.

...아빠는 너희들을 남들보다 훌륭한 사람이 되게 하려는 욕심 때

---

[1] 1977년 12월 5일, 울릉도간첩단사건에서 사형선고를 받은 전영관, 김용득, 전영봉 선생의 사형이 집행되었다.
[2] 세례명은 요한 보스코였다. 이탈리아 출신의 요한 보스코 신부는 일생을 어린이와 청소년을 위해 헌신한 사람으로, 1934년에 성인으로 선포되었다.

문에 오늘의 불행을 맛보게 되었다. 너희들에게 해야 할 아빠로서의 의무를 다하지 못하고 패가망신한 이 못난 아빠를 용서하려무나…

아버지와 마지막 면회를 했다. 아버지는 별 말씀이 없었다. 한참 만에 겨우 입을 떼셨다.

동희야, 너희들 고생하게 해서 정말 미안하구나. 세상에 믿을 사람 없으니 아무나 믿지 말거라. 어려운 일이 있거든 셋째큰아버지를 찾아가 의논하려무나. 너희만 남겨두고 가서 정말 미안하구나.

이 말씀이 마지막이었고, 이 만남이 마지막 만남이었다. 부인인 김용희 선생도 남편의 형 집행을 알지 못하였디. 남편의 죽음을 알게 된 것은 3년이나 지난 후의 일이었다. 김용희 선생은 오던 편지가 끊긴 지 오래되자 마음에 이는 불안을 어찌할 수 없었다. 하지만 차마 누구에게도 물어볼 수 없었다. 시간이 지나면 지날수록 마음의 불안이 커져갔지만 확인할 용기가 나지 않았다. 아무도 알려주지 않은 남편의 형 집행을 스스로 받아들이고 나서야 비로소 딸에게 아버지의 소식을 물어볼 수 있었다. 남편의 형이 집행된 지 3년이 지난 어느 날이었다. 그동안 딸도 어머니에게 아버지의 죽음을 알릴 수 없었던 것이었다.

집을 나서자 어둠 깊이 드리워 있었다. 떨어진 기온 탓으로 대기는 선뜩했고 바람은 차가웠다. 하늘에 별 드문드문하였다. 알 수 없는 깊은 곳으로부터 피로가 몰려왔다. 차에 오르자마자 이내 잠으로 빠져들었다.

울릉도에 들어갔던 날 저녁 무렵, 사건이 일어나기 전에 전동희 선생이 살던 집을 찾았다. 옛집은 오래전에 헐리고 타일로 외벽을 바른 번듯한 이층 양옥집이 들어서 있었다. 전동희 선생이 어린 시절을 보냈던 곳이었다. 아버지, 어머니 그리고 세 동생과 함께 행복한 날들을 보냈던 집터였다. 결코 잊을 수 없는 1974년 2월, 무서웠던 새벽을 겪어야 했던 곳이기도 했다.

그녀가 살던 어린 시절에는 집 주위로 다른 집들은 별로 없었다. 주위 사방으로 온통 논이 펼쳐져 있었다. 봉래폭포에서 내려오던 맑은 물 흐르던 냇물에는 은어가 뛰어놀고 있었다. 하지만 저동천이라 불리는 그 냇물 또한 옛 모습을 잃고 있었다. 지극히 일부분만을 제외하고는 대부분 콘크리트로 덮여 있었다. 냇물도, 은어도, 학교 오가던 논길도, 친구들과 함께 뛰어놀던 언덕길도 모두 콘크리트로 덮여 있었다. 지나온 삶의 흔적들을 남김없이 지우겠다고 결심이라도 한 것 같았다. 모든 것이 콘크리트에 덮여 사라지고 있었다.

'울릉도간첩단사건도 이처럼 사람들에게서 잊혀지고 사라져가겠지….'

북한을 다녀왔다는 이유로 간첩이 되어 사형을 당한 전영관 선생의 삶도, 남편의 행위를 알고 나서도 신고하지 않고 도왔다는 이유로 10년을 감옥에서 보내야 했던 김용희 선생의 삶도, 중학교 1학년 어린 나이에 소녀가장이 되어 어린 세 동생을 돌보며 살아야 했던 전동희 선생의 고단했던 삶도, 그 와중에서 간첩의 아들이 되고 딸이 되어 상처받고 고통받았을 아이들의 삶도 종내는 모두 잊히고 사라지게 될 것이었다.

사는 일에 쫓긴 탓일까? 콘크리트에 갇혀 사는 탓일까? 사람들은 너무 많은 것을 잊고 잃어버린 채 살아가고 있었다. 우리가 누구인지, 어떻게 살아왔고 어떻게 살아가야 하는지, 무엇이 소중하고 또 그 소중한 것을 어떻게 지킬 것인지 모두 잊고 살아가고 있는 것 같았다. 이 모든 것들을 잃어버린 것 같았다.

집을 떠나 산길로 접어들었다. 1974년 2월 어느 날 이른 새벽 어린 동희가 동생들과 함께 두려움에 떨며 끌려갔던 길이었다. 숲 사이로 겨우 나 있던 좁은 산길은 차가 다닐 수 있는 넓은 길이 되어 있었다. 나무들 많이 떠난 숲은 쓸쓸했다. 낯선 이의 발소리에 놀랐는지 박새의 울음소리가 들려왔다. 발걸음을 돌렸다. 저동 포구로 향했다.

봄을 맞은 포구는 여느 날처럼 관광객들로 시끌벅적했다. 조금 전 들어온 듯 커다란 문어 다리 두 개가 가게 앞에 보란 듯이 걸려 있었다.

바람 불었다.

바다 냄새가 났다.

바다는 붉게 물들고 있었다.

북저암 끝으로 내려온 붉은 노을이 바다를 물들이고 있었다.

눈물

김영권 선생 이야기

선생은 치과기공소에서 배달하는 일을 하여 생계를 유지하고 있었다. 아침에 나와 오전 배달을 하고 오후에 한두 군데 더 배달하고 나면 하루가 서물있다. 월급은 박봉이었지만 선생의 나이에 일자리를 구하는 것은 쉽지 않아, 하루 이틀 한 달 두 달 이어가던 것이 벌써 8년이 되었다. 그런 노인들의 사정을 아는 탓인지 기공소에서는 노인들만을 채용하였다. 노인 일자리 창출에 기여한다고 생색을 낼 수도 있고 경비도 훨씬 줄일 수 있었기 때문이었다. 월급을 조금만 줘도 되고 일의 성격상 많이 드는 교통비도 거의 들지 않았다. 65세 이상의 노인들은 항상 전철을 무료로 이용할 수 있기 때문이었다. 회사로서는 일거양득이었다. 선생이 일주일에 5일씩 한 달 동안 부지런히 일해 손에 쥐는 것은 55만 원뿐이었다. 적은 돈이었다. 아무리 절약해도 생활이 되지 않았다. 조금 쓴다고 하더라도 세금도 내야 했고, 안 그래도 가난한 살림에 결혼식 축의금과 상갓집 부의금 따위도 내야 했다. 사람 사는 모습이 그러했다. 그나마 노령연금 받는 것이 큰 도움이 되었다. 선생과 부인 앞으로 매달 14만 4000원이 나왔다. 한 달 내내 신문지를 모아서 버는 돈보다 몇 배가 많았다. 선생은 평택에서 종로 3가까지 출퇴근을 했다. 배달하는 시간까지 감안하면 하루에 보통 5~6시간 정도를 전철을 타고 다녔다. 선생은 그 시간을 활용하여 배낭을 메고 다니며 신문지를 수집하였다. 늘 같은 코스의 전철에서 신문을 수집하다 보니 얼굴을 익히게 된 사람들도 제법 있었다. 그들은 신문을 보고 있다가도 선생이 나타나면 신문을 챙겨주곤 하였다. 신문만 모은 것이 아니라 종이박스도 주웠다. 그렇게 신문과 종이박스 등을 모아 가지고 가면 1킬로그램에 150원을 받을 수 있었다. 오고가며 부지런히 수집을 하면 하루 평균 약 15킬로그램 내외로 모을 수 있었다. 하루 이삼천 원 정도의 수입이 더 생겼다. 한 달 평균 약 5~6만 원의 가외수입이 생기는 것이었다. 적다면 적은 돈이지만 이것도 생활에 큰 도움이 되었다. 적은 돈이지만 간혹 예기치 않은 수입이 생기는 날도 있었다. 배달을 해야 할 곳이 전철을 타고 가기 어려운 곳이면 회사에서는 버스비를 지불해주었다. 선생은 서너 정거장 정도의 거리는 버스를 타지 않고 걸어다녔다. 버스비를 절약하는 것이 종이 줍는 것보다는 수입이 좋았다. 매일 있는 일은 아니었지만 말이다.

내가 선생을 만나기 위해 평택으로 내려간 날도 선생은 종이 수

집을 하고 나온 뒤였는지 일을 하기 좋은 옷차림이었다. 고무밴드가 둘러진 바지는 좀 큰 듯 헐렁해 보였다. 바지는 한껏 추켜올려져 배까지 올라와 있었고 바짓단은 양말 속으로 접어넣어져 있었다. 땀이 난 탓인지 흰 모자는 올려쓰고 흰 면티셔츠의 앞단추는 풀어져 있었다. 운동화만 날렵해 보였다. 조금 지친 모습 같기도 하고 여유 있는 모습 같기도 했다.

"어서 오세요!"

선생의 낮지만 울림이 큰 목소리가 역의 벽에 반사되어 왕왕거렸다. 그 독특한 목소리의 울림 때문에 처음에는 선생의 말을 잘 알아듣지 못했다. 울림통이 큰 탓인지 목소리는 굵고 커서 말할 때마다 왕왕거렸지만, 정작 대화를 나눌 때는 작게 말하고 소리가 입안에서만 돌아 알아듣기가 쉽지 않았다. 처음에는 그저 웅얼웅얼하는 것처럼 들려 도무지 알아들을 수 없었다. 여러 차례 만나는 동안 그 목소리에도 조금씩 익숙해져 갔다. 선생의 목소리에 익숙해지는 만큼 선생의 삶을 들여다볼 수 있었다.

선생을 처음 만난 것은 2011년 가을 인권의학연구소에서 있었던 울릉도간첩단사건 고문 피해자 치유 모임에서였다. 모임에 함께 하신 선생님들 중 절반 정도가, 상상할 수도 없었던 울릉도 사건의 엄청난 충격과 시련, 감당할 수 없었던 고문과 트라우마 그리고 갇혀 보내야 했던 긴 세월에서 스스로를 위로하고 지키고 살아남기 위해 기독교 신앙에 귀의해 있었다. 그중에서도 선생은 아주 독실하여 모임 중에도 하나님의 은혜와 신앙적 체험에 대한 이야기를 많이 했다. 그런 신앙 이야기를 듣고 나누기 위해 나는 모임에 합류하게 되었다.

선생의 이야기를 듣던 첫날은 무슨 말인지 알아듣기 어려웠다. 귀 기울이고 마음 집중해서야 겨우 조금 알아들을 수 있었고, 모임이 끝나고 여러 날이 지난 후 녹취된 부분을 듣고 나서야 온전히 이해할 수 있었다.

"다른 분들도 비슷하겠지만, 제 경우에는 아무래도 가족이나 친척들의 냉대라고나 할까… 그런 것이 가장 힘들었어요. 출소는 하였지만 별로 만나려고 하질 않아요. 느껴지잖아요. 만나는 것을 원하지 않는다는 것을요. 억울한 사정을 설명한다고 해서 이해할 것도 아니고요. 이야기가 통하지 않아요. 물론 서로 이해가 잘 되어야 하는데, 그렇게만 되면 할 이야기가 많겠지만 현실은 그렇지 않잖아요. 그러니 자포자기 상태로 살았어요. 사는 재미도 없고 누군가 만나는 것도 싫고… 친구도 사귈 수도 없고 사귀고 싶지도 않고…. 지금 사는 동네에 이사온 지 2년이 되었는데도 동네 친구가 하나도 없어요. 그러니 거기 가기가 싫어요. 사람을 기피하는 병 같은 것이 생긴 것 같아요. 전 그러네요…. 감옥에서 나온 지가 벌써 20년이 넘었는데 그동안에 살아온 것들이 꿈만 같기도 하고요. 긴 세월인데, 나는 지금까지 살아오면서 내 안식구하고도 떨어져 살아온 기간이 많아 너무 아쉬워요. 좀 더 젊다면 다른 삶을 살아 보고 싶은데, 이제 너무 나이 들어서 다른 희망을 찾아볼 수도 없고… 어떻게 하는 것이 잘 사는 것인지 아무리 생각해보아도 잘 모르겠어요. 대책도 안 나오고요. 그래서 위안을 얻으려고 동네 교회를 나가고 있는데 내 정성이 부족해서 그런지는 몰라도 그것도 뜻대로 안 되네요. 받아들이기가 쉽지 않아요. …사실 이 모임에 와서도 할 말도 없어요. 마음으로야 너무 반갑고 이야기 나누고 싶지만 너무 오랜 날들을 만나지 않고 살아왔기 때문에 할 말도 없어요. 감옥에서 나온 후 보호관찰도 받아야 했고… 우리끼리 만날 수도 없었잖아요…"

선생은 말을 하는 동안에도 사람들과 시선을 마주치지 않았다. 늘 시선을 아래로 향하거나 고개를 살짝 돌려 다른 곳을 바라보며 말하였다. 모진 세월의 흔적은 선생의 시선에도 그렇게 남아 있었다.

함께 일본 유학을 떠났고 함께 옥고를 치른 선생들하고도 할 말이 없다던 선생이 나와의 만남에는 선뜻 응했다. 다소 의외였지만 오래지 않아 선생의 태도 변화를 이해할 수 있었다. 선생은 하고 싶은 말이 없었던 것이 아니라 말할 기회가 없었던 것이었다. 하고 싶은 말은 차고 넘쳤으나 들어줄 사람이 없었던 것이었다. 가족과 친지들까지도 선생의 말을 들어주지 않았다. 들어줄 사람이 없으니 때로 격정적으로 토로하고 때로 눈물 쏟으며 하소연도 하고 때로 조근조근 말을 곱씹으며 주저리주저리 내려놓고 싶었던 말들도 모두 가슴 깊이 묻어두어야만 했던 것이다. 말을 하지 않기 시작하자 그렇지 않아도 적었던 말수가 더욱 줄어들어 처음부터 할 말이 없었던 것처럼 느껴졌다. 말을 하지 않는다는 것이 오히려 편했다. 홀로 생각하고 홀로 말하고 홀로 걷고 홀로 살아가는 것이 자연스러워지고 편해졌던 것이다.

"오늘도 신문 모으셨어요?"
"그럼요. 모아서 갖다낳어요. 저기 모아놓는 데가 있어요."
차 드문드문 지나는 다소 한적한 도로를 가로질러 몇 굽이 돌아서자 선생이 몸 기대어 살아가고 있는 집이 보였다. 세워진 지 오래된 다층 빌라였다. 집으로 들어가자 깨끗이 정돈되어 있었다. 손님을 맞느라 치우고 정돈한 흔적이 그대로 남아 있었다. 안방으로 들어가니 식사를 하고 온다고 말씀드렸음에도 불구하고 점심상이 차려져 있었다. 오랜만에 집에서 맞는 손님에게 커피 한 잔 달랑 내놓는 것이 불편하셨던지 정성스런 밥상이 차려져 있었다. 선생은 아마도 명절 때나 받아보실 것 같은 잘 차려진 상이었다. 소담스럽게 담긴 흰쌀밥, 간장에 조린 두부, 어린 조기, 꼬막, 깻잎, 볶은 멸치, 나물 등이 정성스럽게 차려져 있었다. 굳이 부엌에서 따로 드시겠다는 사모님을 강권하여 모시고 함께 식사를 했다.

"너무너무 맛있어요. 저 점심을 먹었거든요. 두 번 먹는 것인데도 정말 맛있어요."

너스레를 떨었지만 목이 메어 먹기 힘들었다. 다시는 그 어느 곳에서도 받아보기 힘든 참으로 정성스럽고 맛난 밥상이었다.

출소 후 선생은 안 해본 것이 없었다. 감옥에서 미싱사가 된 선생은 나오자마자 교도소에서 모은 돈으로 오버로크를 두 대 사서 마당에 천막을 치고 일을 시작했지만 마음처럼 되지 않았다. 다른 일을 찾았지만 일자리를 구하기가 생각만큼 쉽지 않았다. 어렵게 건축회사의 공사 현장에 취업이 되어 안전관리를 맡아 보게 되었다. 그렇게 일 년 반 정도를 보내고 작은 신문사에 들어가 관리 일을 맡아보기도 하였다. 쌍문기업에 취업하기도 하고, 노변 주차장을 관리하는 일도 하였다. 그 후 기공소 일을 몇 달 하다가 그만두고 빌라의 경비원으로 일했다. 경비원 일은 안정적이어서 7년 동안 일할 수 있었다. 그 후 2003년에 다시 기공소로 들어와 현재까지 일하고 있는 것이다.

선생은 1974년 3월에 체포되어 17년이라는 적지 않은 세월을 갇혀 보낸 후, 1992년 2월 27일 출소하였다. 40살에 체포되어 58세가 되어 다시 사회로 나왔던 것이다.

1965년 선생은 일본 연수를 갈 수 있는 좋은 기회를 얻었다. 전라북도에서 농대 수의과나 농고 축산과를 졸업하고 실무 경력이 약 5년 이상 된 사람들을 선발해 보내는 일본 연수에 선발되었던 것이다. 당시 전라북도는 세 개의 시와 열네 개의 군으로 이루어져 있었기 때문에 각 시와 군에서 한 명씩 선발하여 17명을 연수 보냈다. 약 일 년 남짓한 기간 동안 연수를 하고 1966년 11월 귀국한 선생은 양돈과 양계 일을 하였다. 일의 성과가 조금씩 나온 탓도 있겠지만, 선생은 당시로서는 드물게 외국 연수까지 한 농촌지도자였기 때문에 시간이 지나며 지역의 여러 가지 일도 맡아 하게 되었다. 재건국민운동위원장, 재향군인회장, 농촌자원지도연합회장, 새마을지도자까지 도맡아 하고 있었다.

그렇게 분주한 일상에 내몰려 바삐 살아가던 어느 날 체포되었던 것이다. 고창경찰서 정보과를 거쳐 대공분실로 가니 선생과 연수를 함께했던 사람들이 모두 잡혀와 있었다. 그날 밤으로 봉고차에 태워져 서울로 압송되었다. 밤 한 시경 중앙정보부 남산분실에 도착하였다. 심문이 시작되었다.

"당신 묵비권을 행사할거야?"

"아닙니다. 대답하겠습니다."

"당신 북해도에 갔다왔어?"

수사관은 북해도에서 찍은 자신을 손에 들고 바라보며 물었다.

"예, 북해도 낙농대학을 견학하러 갔다온 사실이 있습니다."

"그래? 그럼 이북에는 다녀오지 않았어?"

"아닙니다. 그런 사실이 없습니다."

북한에 갔다온 적이 있다는 사실을 시인하는 것이 너무 두려워 떨리는 목소리로 애써 부인하였다. 수사관들의 표정이 험하게 변하였다.

"이 새끼, 틀림없이 북한에 다녀왔어! 이 새끼, 이거 거짓말이야! 엎드려, 새끼야! 너 같은 놈은 말로 해서는 안 돼!"

그들은 야전침대에서 각목을 꺼내어 사정없이 때렸다. 잠시 혼절했다 정신을 차리자 수사관은 선생을 의자에 다시 앉힌 후 자신의 구두를 벗어 때리기 시작했다. 처음에는 뺨만 치더니 나중에는 머리고 뺨이고 가리지 않았다. 선생은 무차별적으로 가해지는 구타를 견디지 못하고 혼절했다. 쓰러졌다. 두려웠다. 죽을지도 모른다는 생각이 들었다. 공포가 몰려왔다. 선생의 마음에 들어온 공포는 마치 살아 있는 생명체처럼 꿈틀대더니 순식간에 부풀어올라 선생의 정신과 몸을 점령하고 지배하였다.

'이렇게 부인하고만 있다가는 성말 죽을 수도 있겠구나.'

'일단 이 지옥 같은 곳에서 살아 나가야겠구나.'

그런 생각이 들자 선생은 모든 일을 순순히 시인하기 시작했다.

"라디오로 이북 방송 듣고 이북과 연락 관계를 맺은 일이 있지?"

"있습니다."

"암호문 교육을 받았지?"

"일본에서 김모 씨에게 배웠습니다."

"노동당에 가입한 적 있지?"

"가입하라고 하기에 주소와 성명을 불러준 일이 있습니다."

"북한에 있을 때 어디어디를 보고 왔어?"

"평양대극장에서 춘향전 연극도 보았고, 그 후에는 김일성 생가

전시박물관, 김일성대학, 청산리농장 전시박물관, 방직공장 등에도 가보았고 나중에는 흥남비료공장에도 갔습니다."

모든 것을 시인하기로 마음을 정하고 나니 처음부터 말을 하려고 준비했던 사람처럼 술술 이야기를 하고 있었다. 선생은 자신의 말이 사실과 다르면 어떠한 처벌도 달게 받겠다고 묻지도 않은 말을 스스로 앞서 말하기도 하였다.

선생은 일본 연수 시절 오○○라는 조총련 사람을 알게 되었다. 그는 선생에게 매우 호의적이었다. 말이 일본 연수지, 가난했던 선생에게 일본 생활은 외롭고 힘들었다. 그런 선생에게 오○○는 당시에는 먹기 쉽지 않았던 한국음식을 좋은 음식점에서 사주기도 하였고 돌아갈 때는 택시비도 챙겨주었다. 그런 그가 어느 날 김○○를 소개해주었다. 김○○는 선생에게 더욱 극진했다. 돈이 없어 추운 겨울날에 내복도 없이 지내는 것을 보고 내복을 사서 보냈고, 사람을 보내 코트를 사주기도 하였다. 함께 밥도 먹고 술도 마셨다. 한번은 김○○와 가벼운 논쟁을 한 일이 있었다. 당시에는 몰랐지만 김○○가 의도적으로 만든 논쟁이었다. 이북을 찬양하는 말을 했던 것이다.

"김 선생, 이북 농촌이 남한보다 훨씬 잘살아요."

"천만의 말씀입니다. 지질도 그렇고 다른 것을 봐도 한국 농촌보다 나을 수가 없지요. 어떻게 북한 농촌이 한국 농촌보다 더 잘살 수 있겠어요. 혹시 공업이 한국보다 앞섰다고 말하면 몰라도 농촌이 앞선다는 것은 저로서는 믿을 수 없습니다."

이렇게 시작된 가벼운 논쟁은 선생의 호기심을 유발하며 선생이 전혀 예기치 못했던 다른 방향으로 전개되었다. 이 논쟁 이후 김○○는 선생에게 북한에 대해 올바로 알아야 토론을 하든 말든 할 것이 아니냐며 책들을 전해주었다. 『마동이 투쟁기』를 전해주었다. 『마동이 투쟁기』는 항일투쟁에 대한 이야기였다. 사회주의 이데올로기 투쟁에 대한 것이 아니었다. 또 『마르크스의 인류 발전 5단계설』이라는 책도 전해주었으나 이해할 수 없어 읽지도 못한 채 돌려주었다. 〈소작과 지주〉라는 영화도 보게 되었다. 소작인과 지주 사이의 갈등을 다룬 작품이었다. 없는 자에 대한 사회적 천대와 핍박의 문제를 다룬 것뿐이지 사상의 문제로는 전혀 인식하지 않았다.

그렇게 지내던 어느 날이었다. 김○○에게서 연락이 왔다. 일본 관광지를 구경시켜주겠으니 20일 휴가를 얻으라는 것이었다. 북해도에 있는 낙농대학은 동양에 하나밖에 없는 학교이니 꼭 한 번 견학해야 한다고 권하였다. 선생은 일본 관광지를 구경시켜준다는 말에는 별로 관심이 없었으나 낙농대학을 견학할 수 있다는 말에 20일 휴가를 얻었다.

북해도 낙농대학을 견학하고 학생들과 기념사진도 찍었다. 그 후 심포 포구로 이동하여 숙소에 짐을 풀고 저녁식사를 하였다. 산책을 나가자는 말에 피곤하였지만 따라나섰다. 갈매기 소리 구슬

프고 파도 소리 처량하였다. 고향 생각 간절하였다. 그때 뒤에서 인기척이 들렸다. 돌아보니 깊은 어둠 속에서 금방 빠져나온 듯 세 사람이 서 있었다. 마치 아무것도 없는 빈 공간에서 걸어나온 것 같았다. 무장을 하고 있는 듯하였다. 배를 탈 것을 강권하였다. 생명의 위협을 느꼈다. 선생은 그들에게 이끌려 어디로 가는지도 모른 채 배를 탔다. 밤 깊어 칠흑 같은 어둠 내린 바다였지만 물결은 일렁이며 빛나고 있었다.

두려웠다.

어디로 끌려가는 것인가.

이 사람들은 누구인가.

못 돌아오는 것은 아닌가.

많은 생각들이 오고갔다. 두려움과 공포, 살아남기 위한 조심스러움 등이 교차했다. 배 흔들렸다. 달빛도 출렁이고 일렁였다. 흔들리는 달빛을 따라 선생도 흔들리고 있었다. 그렇게 두려움에 출렁였던 밤이 지나자 배는 청진항으로 들어서고 있었다. 북한 땅이었다.

그 후로는 모든 일이 선생과 상관없이 진행되었다. 병원으로 가서 진찰도 받고, 평양대극장에 가서 춘향전 연극을 보기도 하였다. 김일성 생가, 전시박물관, 김일성대학, 방직공장, 청산리농장 등도 둘러보았다. 가는 곳마다 담당자들이 나와 세세히 설명을 하였다. 교육도 받고 책도 읽었다. 그렇게 선생은 12일 동안 북한에 머물러 있다가 일본으로 돌아왔던 것이다. 일본 땅을 밟은 후에야 두렵고 불안했던 마음이 가라앉았다.

'이제는 한국으로 돌아갈 수 있겠구나.'

그런 생각이 들자 안심이 되었다. 선생이 북한으로 끌려갔던 심포 포구에 내리자 김○○가 기다리고 있었다. 그는 이전과는 선생을 대하는 태도가 완전히 달라져 있었다. 마치 다른 사람 같았다.

"김 선생, 이제부터 내 말을 잘 들어야 합니다. 그리 하지 않으면… 내 말 한마디면 쥐도 새도 모르게 잡혀갑니다. 아시겠지요?"

선생은 김○○의 공갈협박에 치를 떨면서도 두려움을 떨칠 수 없었다. 선생은 그때부터 김○○를 멀리하였고 그들이 요구하는 것은 그 어떤 일체의 행동도 하지 않았다. 이북 방송을 청취하라는 것도 듣지 않았다. 그들에게서 받은 이어폰은 포장도 뜯지 않은 채 방치되어 있었다. 선생은 그들에게 감시당하는 것 같아 두렵고 떨렸다. 서둘러 귀국하였다. 귀국 후에도 김○○ 등의 감시가 따라올 것만 같아 두렵고 무서웠다. 하루빨리 돈을 모아 고향을 떠날 생각이 간절했지만 그것도 뜻대로 되지 않았다. 열심히 일한 결과 가정은 조금씩 안정되어갔지만 선생의 마음은 점점 두려움과 죄책감으로 가득했다. 그 두려움을 이겨내고 죄책감을 떨쳐내기 위해 날마다 술을 마셨다. 그렇게 지내던 1974년 3월에 연행되었던 것이다.

"선생님, 그렇게 죄책감으로 괴로우시고, 불안하고 두려우셨으면 한국에 왔을 때 바로 신고하지 그러셨어요?"

"그랬으면 달라졌겠지요…. 하지만 겁이 나서 하지 못했어요. 처벌받을 것이 두렵고 겁나기도 하였지만, 그것보다 더 두려웠던 것은 김○○ 패거리였어요. 그들이 말해준 대로 연락 방법 등을 남기면 찾아오겠다는 말은 뒤집어보면 늘 감시하고 있다는 이야기도 되잖아요? 신고라도 하면 그들이 가족들을 해칠까봐 더 두렵고 떨렸지요…. 그것이 더 무서웠어요. 그러니까 자수할 생각은 못하고, 어떻게 하든 빨리 돈을 모아 고향을 떠날 생각만 했어요. 그리고 또 한편으로는 두려움에서 벗어나기 위해 스스로를 자꾸 위로하며 최면을 걸었어요. '이북에 갔다온 것은 맞지만 한 일도 없으니 그다지 심각한 일이 아니다', '아무도 모를 것이다', '별일 아니다. 별일 아니다'라고 생각하려고 애썼어요. 생각이 모자랐던 것이지요."

남산에서의 조사가 끝나고 서울구치소로 송치되었다. 독방이었다. 1심 공판이 끝날 때까지 6개월 동안 홀로 보냈다. 면회도 할 수 없었다. 가슴에 하고 싶은 말들이 가득하건만 말할 사람도 들어줄 사람도 없었다. 외롭고 두려웠다. 허망하고 억울했다. 굶주림 또한 견딜 수 없었다. 1심에서 검사가 사형을 구형했다. 사형을 당할 수도 있다고 생각하니 자신의 처지가 너무나 기가 막혀 실없는 웃음만 나왔다. 이 어리석고 못난 아들을 걱정하고 계실 어머니가 너무 불쌍했다. 아이들도 생각났다. 잠을 이룰 수 없었다. 그날 이후 선고를 받는 날까지 손목에 수갑이 채워졌다. 밥을 먹을 때에만 풀어주었다. 무기징역이 선고되었다. 6개월 동안의 외롭고 무서웠던 독방 생활을 청산했다. 합방을 하게 된 것이었다. 사람들은 2심, 3심도 있으니 잘만 하면 감형을 받아 15년이면 출소할 수 있다고 위로하였지만 항고도 상고도 모두 기각당하고 무기징역형이 확정되었다.

선생의 변호를 맡았던 한승헌 변호사는 "선생이 조총련 공작원 김○○의 계략에 의해 납치되어 북한에 갔다오게 된 것이지 반국가단체의 지령을 받기 위하여 또는 지령을 받고 한 행위가 아니었고, 귀국 후에도 기밀탐지 수집행위에 착수한 사실이 없으므로 간첩 실행의 착수가 없었다 할 것인데 원심은 본건 공소사실을 모두 유죄로 인정하였으니 원심 판결에는 판결에 영향을 미칠 사실오인의 위법이 있다"고 주장하였지만 기각되었던 것이다.

선생은 그때까지도 북한에 갔다온 것을 제외하고는 한 일도 아무것도 없고, 울릉도간첩단과도 아무런 관련이 없다고 생각하였기 때문에 무기징역이 선고될 것이라고는 꿈에도 생각하지 못하고 있었다. 받아들이기 힘들었다. 하지만 어쩔 수 없는 일이었다.

선생은 무기징역을 살아낼 준비를 하였다.

마음을 다잡았다.

선생은 대전교도소로 이감되었다. 특별사 2방 독방에 갇혔다. 특별사에는 울릉도 사건으로 들어온 이성희 교수가 있었지만 말 나눌 사이도 없이 2, 3일 만에 이감을 갔다. 선생은 간수를 불러 말하였다.

"나 전향하겠습니다. 전향서 쓰게 해주시오."
간수는 말끄러미 선생을 쳐다보다 대답하였다.
"교무과 직원이 말해줄 거야."
선생은 바로 전향서를 쓰고 공장으로 출역하였다.

"굳이 먼저 나서서 전향서를 쓰신 이유가 뭐예요?"
"어차피 징역을 살게 되었잖아요. 제가 원래 무슨 사상이 있었던 것도 아니고요. 살아나가야 하잖아요. 홀로 독방에서 생활하는 것도 너무 힘들었고요. 전향을 안 하면 일도 안 시켜요. 잠깐 운동할 때 빼고는 종일 홀로 있지요. 전향을 해야 일도 나갈 수 있고, 사람들과 함께 지낼 수도 있지요. 그래야 일도 배울 수 있고요…."
그렇게 선생은 스스로 전향을 한 후 봉제공장에 나가 일을 하였다. 재봉을 배우고 나중에는 '오버로크 기술자'가 되었다.

이후 선생의 교도소 생활은 신앙으로 가득 찼다. 교도소에서 만난 여자 목사님은 어머니와 같은 자상함으로 선생을 신앙의 세계로 인도했다. 선생은 매일 회개하였고 말씀을 읽었다. 회개는 그의 마음의 무거운 짐을 내려놓게 하였고, 말씀은 그의 마음을 맑게 정화시켜주었다. 근심, 두려움, 분노, 원망 등의 감정이 사라지고 평안해졌다. 교리반도 부지런히 나가고 성경은 하루도 빠짐없이 구약 6장, 신약 6장을 읽었다. 끊임없이 기도하였고 또 응답을 받았다. 결핵으로 인해 마산교도소로 이감을 갔을 때에도 100일 작정기도를 드렸고 응답을 받았다. 100일째 되는 날 완치 판정을 받았던 것이다. 전도를 하기 위해 교도소에 온 전도자처럼 선생은 매일 기도하고 일하고 전도하고 말씀을 읽으며 보냈다. 그렇게 1992년 2월 27일, 출소하는 날을 맞이하게 되었던 것이다.

선생은 나와 이야기를 나누는 동안에도 성경 구절을 종종 인용하며 이야기하였다. 나는 진심으로 선생이 너무나 괴롭고 힘들었을 순간순간마다 위로가 되고 힘이 되었던 하나님께 감사했다. 그의 신앙과 회개와 기도에 감사했다. 하지만 동시에 나는 그의 회개와 기도와 신앙이 몹시 불편하기도 했다. 무엇을 그렇게 매일매일 거듭해서 회개했어야 했는지 잘 알 수 없었기 때문이었다. 선생은 가난하였지만 인성 많은 선한 사람이었다. 땅을 사랑하고 가축을 사랑해서 좋은 축산지도자가 되는 것이 꿈이었다. 그런 선생이 오직 열심히 살아왔던 성실함 덕분에 전라북도에서 선발되어 일본으로 연수 갔다가, 어수룩하게도 인정에 이끌려 사람들을 사귀다 북한에 끌려갔다온 것이 그의 잘못의 전부였다. 그런 선생에게 이 사회는 사형을 구형하고 무기징역을 선고하고 17년을 감옥에 가두어두었던 것이다. 40세에 들어가서 58세가 돼서야 가정으로 돌아갈 수 있었던 것이다. 나는 그런 선생이 무엇을 회개해야 하는지 잘 알 수 없었다. 정작 회개할 사람들을 따로 있었는데 말이다.
   선생은 매일 무엇을 회개하고 무엇을 기도하였을까.
   묻고 싶었지만 물을 수 없었다.

집을 나서니 바람 불어 시원했다. 후덥지근하던 방에서 벗어나는 것만으로도 마음이 트이는 것 같았다. 방 안 선풍기는 뜨거운 바람을 토해내고 있었다. 저녁이 가까워져서인지 지나는 사람들도 많아졌다.

"건강은 괜찮으시지요?"

"예, 괜찮아요. 다른 데는 다 괜찮은데… 요즘에는 자꾸 무릎이 아파 걱정이에요. 신문 모으는 일을 아무래도 그만두어야 할 것 같아요."

"그러세요. 많이 걸어다니셔야 하는데 무릎이 아프면 어떻게 해요. 병원에 가보세요."

행여 길을 잃을까 염려하신 탓인지 선생은 내내 앞서 걸었다.

앞선 선생의 등이 깊이 굽어 있었다.

선생은 굳이 전철역까지 왔다.

지는 해가 끌어온 붉은 노을이 하늘 끝에 걸려 있었다.

시리도록 아름다웠다. 눈물 같았다. 하늘의 눈물 같았다.

선생은 붉은 노을 속으로 걸어 들어가고 있었다.

선생의 굽은 등에도 노을 깃들고 있었다.

타인의 삶

이사영 선생 이야기

차창 밖으로 가로수들이 보였다. 나뭇잎들은 모두 떨어져 있었다. 바람이 불자 이미 말라버린 낙엽들이 바람을 타고 나부꼈다. 그 모습이 찢어진 깃발 조각이 펄럭이는 것 같기도 하고 저 홀로 춤을 추고 있는 것 같기도 했다. 아프고 슬펐다. 무더웠던 여름날의 열기에도 거센 비바람에도 떨어지지 않던 나뭇잎들이 떨어져 바람에 구르고 있었다. 볼품없이 비어버린 나뭇가지에 햇살 비추었다. 초겨울의 찬 날씨에도 햇살 깃든 가지들은 봄을 맞은 듯 싱그러워 보였다. 잠시 마음 기울여 나무 아래 서서 기다리기라도 하면 싹 트고 잎 자랄 것 같았다. 이내 잎 무성해지고 풍성해져 무심하고 차갑기 그지없는 도시의 겨울을 따스하게 할 것 같았다. 무참하고 비정하기 그지없는 삶의 저편까지도 어루만져줄 수 있을 것 같았다. 거리를 지나는 수많은 사람들이 모두 집으로 돌아간 밤에도 따스함 남아 갈 곳 없어 거리를 배회하는 이들의 품을 따스하게 지켜줄 것만 같았다. 추운 겨울 감옥에 갇혀 긴 밤 모진 추위를 견디며 자신을 벗 삼아 홀로 지내고 있는 이들의 시린 등짝을 따스하게 품어줄 것만 같았다. 저무는 해가 햇살을 거두어가도 따스함은 남아 세상에서 내몰린 이들의 한 서린 가슴을 깊이 품어줄 것만 같았다.

물어보고 싶은 말들은 적지 않았지만 무엇을 물어봐야 할지 정하지 못한 채 내내 마음은 서성이고 있었다. 아무런 잘못도 없이 무슨 일인지도 모른 채 어느 날 새벽 낯선 자들에게 끌려가 고문에 의해 간첩이 되어 살아온 삶이었다. 1심에서 무기징역을 언도받고, 2심에서 15년 형으로 감형된 후 형을 살고 나서도, 세상으로부터 다시 내몰려진 삶을 살아온 선생이었다. 아무런 잘못이 없으니 죄의식도 없었지만 한번 새겨진 간첩이라는 낙인은 지워지지 않았다. 보안관찰이라는 이름으로 여전히 감시받으며 자유롭지 못한 삶을 살아야 했고 사회는 따뜻하게 맞아주지 않았다. 경원하고 배척했다. 몸에 새겨진 문신이라면 베어내기라도 할 수 있었지만 사람들의 마음에 새겨져 있는 문신은 어찌 해볼 도리가 없었다. 그렇게 세상에 내몰리며 늘 조심스러운 얼굴로 소리 없이 웃기만 하던 선생이 오랜 세월 마음에 담아두기만 했던 말을 꺼내놓았던 날이 있었다.[1]

---

[1] 울릉도 사건 고문 피해자들은 2010년 10월부터 12월까지 인권의학연구소가 주관하는 치유 모임에 참여했다.

"전 사실 한 게 아무것도 없거든요. 아무것도 없는데… 어느 날 그냥 붙들어다가, 어디인지도 모르는 곳에 데려다놓고 때리고 고문해서 만든 것이 그대로 내 죄가 되어버렸어요. 너무 억울했어요. 한 것도 없는데 이렇게 큰 죄를 씌우니 말이에요. 오랜 세월 소식이 끊어졌던 형도 아니고…. 늘 대한민국 여권을 가지고 비행기 타고 당당하게 오고가던 사람을 의심할 이유가 없잖아요. 그런데 그분하고 전화 통화한 것도 반공법 위반이고, 돈 몇 푼 받아쓴 것은 공작금이 되었어요. 라디오 한 대 놓고 가신 게 있는데 그것도 이북 방송 들으라고 놓고 간 것이라고 했지요. 처음에는 아니라고 했지만 견딜 수가 있어야지요. 결국 나중에는 '그렇다'고 했지요. 그러니 들어보지도 못했고 어떻게 듣는지도 모르는 이북 방송도 청취한 것이 되었지요. 그렇게 간첩이 되었어요. 생각할 때마다 너무 열이 나 잠을 못 잤어요. 너무 억울해서요. 형님은 나와 열 살 차이예요. 아버지 같은 형님이었어요. 아버지보다 내게 더 잘해줬고 실질적인 도움도 많이 주셨지요. 존경할 수밖에 없고 따를 수밖에 없는 형님이었지요. 참 좋아했어요. 아버지가 안 보낸다고 하던 중학교, 고등학교, 대학교도 모두 형님이 다닐 수 있도록 도와주셨지요. 그러니 아버지보다 존경스러운 형님이에요…. 당시에 나를 호송하는 교도관이 '당신은 2, 3년 받겠다'고 했지요. 그런데 무기징역형을 받았어요. 절망적이었지요. 너무 억울해서 견딜 수 없었어요. 그렇게 지냈지요. 그러다 보니 출소 후에도 편치 않았어요. 게다가 보안관찰까지 받다 보니 사람들도 만나지 않게 되었지요. 형님을 만나러 일본에 갈 생각은 아예 하지도 못 했고요. 형님은 두려워하지 말고 오라고 하셨지만 갈 수 없었어요. 그러다 보니 형님하고도 소원해졌지요. 연락이 두절되다시피 했어요. 그런 것이 다 한이 되었어요. 그렇게 지내니 성격도 변해요. 대인관계도 안 좋아지고 말도 더 안 하게 되었어요."

1974년 3월 15일 중앙정보부는 '울릉도간첩단사건'이라고 이름 지은 대규모 간첩단 사건을 발표했다.

> 학생·지식인·종교인·노동자·농민·군 간부 등을 포섭하여 사회불안과 혼란을 조성하여 현 정부를 전복하고 적화통일을 기하라는 북괴의 지령을 받고 10여 년간 지하에서 간첩활동을 한 울릉도를 거점으로 한 대규모 간첩망 일당 47명을 동년 2월 25일 검거했다.[2]

그리고 이 사건의 배후 핵심 인물로 선생이 아버지보다 더 존경한다는 선생의 친형인 이좌영 선생을 지목했다. 중앙정보부는 이 사건을 대규모 사건으로 만들기 위해 이좌영 선생을 중심으로 생면부지의 사람들인 전주와 울릉도 사람들을 엮었다. 전주 사람들 중 이좌영 선생과의 연결에서 핵심적 역할을 한 것으로 발표된 사람은 당시 전북대학교 교무처장이었던 이성희 선생이었다. 이좌영 선생은 이성희 선생의 이리농림학교 2년 후배였다. 동경대 유학 시

---

[2] 국방군사연구소 편, 『대비정규전사Ⅱ(1961~1980)』, 국방부, 1998년, 241쪽.

절 생활비나 학비의 어려움을 겪던 이성희 선생은 재일교포 사업가로 자리를 잡은 이좌영 선생으로부터 많은 도움을 받았다. 그것이 빌미가 되었다. 또 이좌영 선생과 울릉도를 연결하는 데에 이용된 사람은 김용득 선생이었다. 김용득 선생은 전영관 선생의 부인인 김용희 선생의 오빠로 당시 건축업을 하고 있었다. 그가 이좌영 선생을 알게 된 것은 최길하를 통해서였다. 최길하는 이좌영 선생이 한국에 세운 신한섬유회사의 월급 사장이었다. 건축업을 하던 김용득 선생은 최길하를 통해 알게 된 이좌영 선생에게 사업자금을 빌려 쓴 적이 있는데 이것이 빌미가 되었다. 이좌영 선생을 알고 있고 도움을 받은 이들이 모두 울릉도간첩단사건의 구성원이 된 것이다.

울릉도간첩단사건은 전영관, 김용득, 전영봉 선생 등 세 명이나 간첩죄로 사형을 당한 내규보 산첩단 사건이었다. 하지만 정작 울릉도간첩단의 수괴로 발표된 이좌영 선생에 대한 부분은 선생이 간첩이라는 수사기관의 일방적 주장만 있을 뿐 그가 간첩활동을 했다는 증거는 제시하지 못했다. 이좌영 선생이 '반국가단체의 구성원 또는 그 지령을 받은 자'에 해당하는지의 여부는 이 사건에 연루된 모든 사람들의 간첩죄·회합·통신·편의제공 등 범죄사실의 성립 여부에 직접적으로 영향을 미치는 것이므로 매우 중요한 문제라 아니할 수 없었다.

당시 이 사건의 판결문에 의하면 이좌영 선생은 '8·15 해방 직후 밀항·도일하여 조총련에 가담·활동하였다가 1953년 9월경 그 목적 수행을 위하여 재일본 대한민국거류민단으로 위장 전향'한 것으로 되어 있다. 하지만 이좌영 선생에게 포섭되어 사상교양을 받은 것으로 알려진 최규식 선생이 중앙정보부에서 조사받을 때 작성한 자술서를 보면 '이좌영은 거류민단 소속'이라고 분명하게 적혀 있다.³ 또한 이좌영 선생이 '반국가단체 구성원인가'의 문제는 이 사건 관련자인 이성희 선생이 진실화해위원회⁴에 신청한 재심 청원에 대한 결정서에서 상세히 다루고 있다.

이 사건 발생 당시 이좌영 선생은 일본에서 연 기자회견에서 자신의 결백을 주장하였다.

일본에서 명치대학 졸업 후 20년간을 오로지 가족의 생활을 책임지기 위해 경제활동에만 전념해온 평범한 재일교포 실업가에 지나지 않는다. 1966년 이후 조국의 경제발전과 한일 양 국민의 진정한 우호협력을 얻어 안정된 합병회사를 발족할 수 있었다. 그런데 중앙정보부는 이 합병회사야말로 간첩활동의 거점이었다고, 서울의 회사를 몰수하고 동경무역회사의 합병회사에 대한 모든 권리를 박탈했다. 우리 회사가 간

---

3 당시 수사기록 중 이성희 선생의 자필진술서(1974년 2월 21일자)의 내용. 자필진술서라고 하지만 실상은 고문에 의해 작성된 것으로 수사기관이 불러주는 대로 최규식 선생이 쓴 것이다. 이는 중앙정보부도 최소한 이좌영이 간첩도 아니요 조총련 소속도 아니었다는 것을 이미 알고 있었다는 사실을 보여주는 간접증거라 할 수 있다. 그럼에도 불구하고 그들은 이좌영 선생을 울릉도간첩단사건의 수괴로 만들었던 것이다.
4 '진실 화해를 위한 과거사 정리위원회'(공식약칭 진실화해위원회)는 2005년 12월 1일 출범하여 2010년 12월 31일 최종 해산하였다.

첩회사였는지 아닌지는 일본의 친구들과 일본인 사원 모두가 너무나 잘 알고 있다. 또한 나와 내 형제, 지인들이 간첩인지 아닌지는 중앙정보부 자신들이 더 잘 알고 있을 것이다. 정보부가 내가 포섭했다고 발표하고 있는 사람들 중 6명에 대해, 나는 이름도 모를 뿐 아니라 만난 적도 없는 사람들이다.[5]

또 이좌영 선생의 아들 이화수 선생은 진실화해위원회 조사에서 이좌영 선생의 조총련 가입 사실을 부인하였다.

이좌영이 조총련 산하의 상공회와 일을 하지도 않았다. 만약 일을 하였다면 한국으로의 왕래도 어려웠을 것이다. 이좌영은 조총련에 가입한 사실도 없지만 민단에도 가입만 하였을 뿐 활동을 특별히 한 것도 없으며, 장사하는 사람에 불과했다.

이화수 선생은 또한 이좌영 선생의 처갓집에서 김일성 초상화를 보았다는 이 사건의 제보자 최길하[6]의 진술에 대해서도 부인하였다.

---

[5] 1974년 4월 19일 이좌영이 일본에서 자신의 결백을 주장하는 기자회견에서 배포한 「이좌영의 호소문」, '진실화해위원회 결정서'(신청인: 이성희)에서 재인용.
[6] 최길하는 이좌영 선생이 한국에 세운 신한섬유의 월급 사장이었고, 이좌영 선생의 동생인 이사영 선생은 이 회사의 총무였다. 최길하는 동시에 이사영 선생의 누이동생인 이정희 선생의 남편, 곧 매제이기도 했다.

최길하가 이좌영의 한국 회사 신한섬유 사장으로 있을 때, 일본을 방문한 적은 있으나 보름 정도로 긴 시간도 아니었고, 최길하를 나고야에 있는 처가댁에 데리고 간 일도 없으며 최길하가 진술한 것처럼 가족들 중 북한사상에 심취한 사람도 없다.[7]

또한 중앙정보부가 이 사건을 인지하고 수사하던 초기에 끌려가 모진 고문을 받았던 양동수 선생[8]은 진실화해위원회 조사에서 다음과 같이 진술하였다.

이좌영이 조총련 사람과 접촉하였는지는 알지 못한다. 이좌영은 신한교역의 회장을 하고 있었고, 나는 이좌영의 나가노 집에도 갈 정도로 친분이 두터웠으나 이좌영과 같이 근무하는 2년 동안 이좌영이 북한이나 조총련 관련 발언을 하는 것을 본 적이 없다. 조총련 사람이 민단으로 위장하였다는 말은 재일교포 사회를 잘 알지 못하는 사람이 하는 말이다. 1950년 이후부터는 민단으로 가입된 사람만 주민등록이 나왔고, 조총련에 가입된 사람은 국적이 조선으로 된다. 그래서 민단으로 등록된 이좌영이 조총련으로 위장 가입하는 것은 불가능하며, 조총련 사람이 민단으로 재가입하거나 민단 사람이 조총련으로 재가입하는 일도 없다. 조총련에서는 그러한 사람은 배신자로 알기 때문에 그러

---

7 2008년 9월 24일의 이화수의 진술. 위 진실화해위원회 결정서 30쪽.
8 이좌영 선생이 일본에서 운영하던 신한교역의 직원이었다.

한 일은 없는 것으로 알고 있다. 더욱이 이좌영의 자녀들은 일본학교에 다녔는데, 그것만 보더라도 이좌영이 조총련이 아니라고 생각한다. 현재는 사상적으로 민단이나 조총련의 구분도 없어지고 있는 것으로 알고 있다.[9]

이러한 증언 외에도 진실화해위원회 결정서에는 많은 증언들이 기록되어 있다. 심지어는 최길하 등을 조사하여 이좌영 선생에 대한 첩보를 입수하여 수사를 주도했던 중정 수사관 차철권도 진실화해위원회의 진술에서 이좌영 선생의 대공혐의점을 발견하지 못했다고 진술하였다.[10]

당시 이좌영에 대해서 조사를 못했기 때문에 이좌영에 대한 대공혐의점을 알지 못했다. 단지 사건 발생 이후 이좌영의 지령을 받았던 사람으로부터 난수표 등이 나오고 그로부터 이좌영에 관계된 이야기를 들어서 알게 된 것이다. 공작활동을 했던 확실한 증거는 없었던 것으로 기억된다.

이러한 증언에 기초해서 진실화해위원회는 이좌영 선생이 조총련이거나 반국가단체 구성원이라는 기록은 일체 찾아볼 수 없으

---

9 2008년 9월 26일의 진술 청취. 위 진실화해위원회 결정서 31쪽.
10 2010년 4월 26일의 진술 청취. 위 진실화해위원회 결정서 10쪽.

므로, 또한 반국가단체 구성원으로 활동하였다는 공소사실을 인정할 증거가 없다고 판단하였다.[11]

간첩으로 활동한 증거가 없었지만 이좌영 선생은 간첩이 되었고, 그를 만나고 그의 도움을 받은 이들도 모두 간첩이 되었다. 이렇게 허망한 일도 있을까. 증거도 없이 간첩이 된 간첩 수괴의 도움을 받은 이들은 간첩이 되어 세 명이나 사형을 당하고 수십 명이 구속되었던 것이다.

차창 밖을 바라보았다. 어느새 텅 빈 나뭇가지에 드리웠던 햇살은 저만치 물러나 있었다. 햇살 물러난 자리에 찬바람 머물러 나뭇가지 흔들렸다. 흔들리는 나뭇가지 아래 열린 노점은 한적했고 어깨 움츠려 지나는 사람들은 발걸음만 재촉하고 있었다. 낙엽 구르는 거리는 쓸쓸했다. 가난하고 무심했다. 그 가난하고 무심한 거리의 끝을 돌아서자 가난하고 무심한 세월을 살아가고 있는 선생의 모습이 보였다. 며칠 사이에 부쩍 쌀쌀해진 날씨였지만 선생은 길가에 서서 기다리고 있었다. 선생은 손짓을 하며 얼굴이 무너지도록 환히 웃고 있었다.

선생의 집은 잘 정돈되어 있었다. 가지런한 선생의 성품이 그대

---

11 위 진실화해위원회 결정서 33쪽.

로 드러나고 있었다. 마루의 책장에는 선생의 손때가 묻은 책들이 빼곡하게 들어차 있었다.

"책을 많이 읽으시나 봐요?"

"할 일이 있어야지요. 요즘은 일도 안 나가니까요. 할 일이 없어요. 별로 만나는 사람도 없고… 책만 읽고 있어요. 좋아요. 책 읽으며 지내는 것이."

"며느님이신가요?"

책장 선반에 얼마 전 결혼한 아들 내외의 사진이 어울리게 진열되어 있었다. 선생은 며느리에게 진심으로 감사해하고 고마워하고 있었다. 아들과 결혼해준 것도 고마웠고, 며느리 덕에 달라진 아들의 모습 때문에 더욱 감사했다. 평소에는 소원하고 말 한번 섞기 힘들었던 아들과 종종 말을 나누게도 되었고 집안 분위기는 한결 부드러워졌다. 원래 내성적이었던 아들은 자라온 환경으로 인해 더욱 내성적으로 변해 선생이 출소한 후에도 별로 살갑게 이야기 나누며 살지 못한 처지였는데, 결혼 이후 다정하게 이야기를 나눌 수 있게 되었으니 어찌 며느리가 예쁘고 고맙지 않겠는가. 화목해진 집안 분위기로 인해 선생도 즐거워진 듯했다. 과일을 깎고 커피를 타는 손길이 가벼웠다. 오랜만에 손님을 맞는 어색함을 전혀 느낄 수 없었다. 가벼운 수다를 떨어도 될 것 같은 기분이 되어 있었다. 하지만 우리의 대화는 무거웠다.

선생은 1974년 2월 15일 새벽, 집에서 체포되었다. 늦은 밤에 들어와 겨우 잠들었을 때 아내의 놀라고 다급한 목소리에 깨어 일어나 보니 낯선 사람들이 보였다. 끌려나가 차에 실리자마자 수갑이 채워졌다. 잠바로 머리를 덮어 눌러 아무것도 볼 수 없었다. 두려움이 밀려왔다. 한참을 달리던 차는 멈추어 섰고 어딘가로 끌려 들어갔다. 방 안을 둘러보았다. 책상과 의자, 야전침대와 물이 담겨 있는 수조가 있었다.

그렇게 시작되었다. 그들은 선생의 옷을 벗긴 후 때리기 시작했다. 주먹과 발길질, 몽둥이로 사정없이 때렸다. 야전침대에서 각목을 빼내어 뒷무릎에 끼우고는 허벅지를 밟았고 쓰러지면 몽둥이를 들고 무차별적으로 구타했다. 때리다 지치면 물고문을 하였다. 머리를 뒤로 젖히고 수건으로 얼굴을 덮은 후 주전자로 물을 부었다. 기절할 때까지 계속되었다. 그들이 말하는 '수도공사 물고문'이었다. 물고문은 꼭 식사 후에 했다. 뱃속에 있는 음식물은 물론 똥물까지 다 토하게 만들었다. 그렇게 토하고 나서 느껴지는 비참함은 말로 형언할 수 없었다. 개나 돼지가 된 것 같았다. 견딜 수 없이 비참하고 고통스러웠다.

그들이 행하는 고문에도 순서가 있는 것 같았다. 그들은 기계처럼 순서에 의해 고문을 가했다. 그들은 노련하고 익숙한 기술자들이었고 선생은 가공되어야 할 재료일 뿐이었다. 고문을 받는 중 더더욱 선생을 비참하고 두렵게 만들었던 것은 의사들로 보이는 하얀 가운을 입은 사람들이었다. 온몸이 마비되고 의식을 잃으면 어김없이 하얀 가운을 입은 사람들이 와서 선생의 몸을 살펴보곤 하였다.

가물거리는 의식 속에서 그들이 주고받는 말들이 들려왔다. '괜찮겠느냐?'고 묻는 소리, 뭐라고 대답하는 소리들이 들려왔다. 그 소리들은 찢어진 스피커에서 나오는 소리처럼 웅웅거리고 왕왕거렸다. 깊은 땅속 알 수 없는 어둠 저편에서부터 들려오는 것 같았다. 그런 후에는 또다시 고문이 시작되었다. 그냥 지나가는 법이 없었다.

　선생의 몸이 혹독한 고문으로 너덜거리자 협박과 회유가 시작되었다. '생매장하겠다'고 협박하였다가 '순순히 실토하면 내보내주겠다'고 회유하기도 했다. 밤인지 낮인지 알 수 없었고 거듭되는 고문과 반복되는 심문에 선생의 정신은 이미 혼미해져 꿈속인지 현실인지 느낄 수 없었다. 무슨 말을 하고 있는지도 알 수 없었다. 죽인다고 해도 두렵지 않았다. 그저 이대로 잠들어 죽고 싶은 마음뿐이었다. 가족도 부모형제도 다 잊게 되었다. 아무런 생각이 나지 않았다. 머릿속이 하얘졌다. 그렇게 선생은 그들은 불러주는 대로 받아적고 시인하고 지문을 찍었다.

　"이 사건이 어떻게 시작되었는지는 아세요?"

　"모르지요. 얼마 전에 우리 사건을 담당했던 수사관 이야기를 조금 들었을 뿐… 잘 알지 못해요. 다만 제가 나중에 보니 최길하가 사건 발생 후 내 동생과 바로 이혼을 했더라고요. 회사도 최길하 것이 되었더라고요. 이런 경우는 나라에서 압수하는데 그리하지 않고 최길하 것이 된 것을 보고 무슨 일이 있구나 하고 짐작을 하였을 뿐이지요."

"그 수사관 이름이 차철권이에요. 이 사람이 육군 32사단에서 장교로 근무했는데, 그때 최길하와 알게 된 사이예요. 군대 상관이었던 것이지요. 이 두 사람은 자주 만났어요. 그때마다 최길하는 이좌영 선생이나 선생님에 대해 그동안 파악한 내용을 보고하였지요. 최길하는 중앙정보부에 협력한 대가로 회사를 받은 것 같다는 선생님의 생각이 맞는 것 같아요. 그러니까 사건 발생 후에 바로 이혼을 했지요. 회사도 최길하의 소유가 되고요. 수사관 차철권도 진실화해위원회에 한 진술에서 최길하 때문에 성과를 많이 올렸다고 말했거든요.[12] 선생님, 최종길 교수 아시지요? 중앙정보부에서 조사받다가 죽은 사람이요. 이 차철권이 최종길 교수를 심문했던 주 수사관이었거든요. 그런데 최종길 교수 사망 사건으로 좌천되었지요. 그 후 차철권은 수사공작과 수사관으로서 나름대로 명예회복을 노렸겠지요. 그리고 울릉도 사건을 계기로 4개월 만에 특진을 한 것이에요.[13] 이런 정황을 볼 때, 울릉도 사건은 차철권과 최길하의 합작품이라고 해도 과언이 아닌 것 같다는 생각

---

12 위 진실화해위원회 결정서 9~10쪽. 차철권은 "…최길하도 협조자로 협조했고, 최길하 때문에 성과를 많이 올렸다"고 진술했다(2010년 4월 26일 진술 청취).

13 중앙정보부 대공수사국 대공수사단 수사공작과 수사관이었던 차철권은 2002년 『신동아』와의 인터뷰에서 다음과 같이 말했다. "계속해서 수사공작과에서 근무한 저는 최 교수 사건의 불명예 회복을 위하여 불철주야 노력한 끝에, 최 교수 사건 4개월 후인 1974년 2월부터 4월 사이 울릉도와 서울·대구를 무대로 암약하는 간첩 10여 명을 일망타진하는 주무공작관 직을 수행하였습니다. 그 공로를 인정받아 사무관에서 서기관으로 특진하며, 어느 정도 불명예를 회복하게 되었습니다. 1978년 12월 부이사관으로 승진해 대전지부 대공수사과장으로 재직하다 퇴직하였습니다."

이 드네요."

선생은 한동안 아무 말도 없었다. 선생 홀로 막연히 짐작하고 있었던 것들을 확인하며 놀라고 착잡하고 서글픈 것 같았다. 선생의 눈시울이 붉어지고 있었다. 선생은 잠시 방으로 들어갔다. 나는 베란다 창으로 비치는 하늘을 바라보았다. 11월 말 초겨울의 낮은 하늘은 먹먹하기만 했다. 선생이 나왔다.

"한 2~3년 전쯤에 공장에 가봤어요. 그대로 있더군요."
"공장이 아직도 있어요? 들어가보셨어요?"
"그럼요. 아직은 그대로 있지요. 들어가보지는 않았어요. 만나보지도 않았고요. 만나고 싶지도 않았고… 한동안 바라보았는데 좀 썰렁한 느낌이었어요. …그러고 있다가 돌아왔지요."

선생의 교도소 생활은 독방으로 시작되었다. 교도소에 도착한 후 작아서 단추를 끼울 수도 없는 옷을 억지로 입고 방으로 들어가니 방 안에는 아무것도 없었다. 나무젓가락과 양은밥그릇 두 개, 물그릇 하나, 솜이라고는 다 빠져나간 이름뿐인 솜이불만 있었다. 잠을 이룰 수가 없었다. 추위 때문이기도 했지만 온갖 상념에 쫓기어 마음이 고달팠기 때문이기도 했다. 아침이 되었다. 물 한 바가지 주는 것으로 세수를 하고 나니 시커먼 보리밥 한 덩이와 국 한 그릇 그리고 처음 보는 반찬 한 가지가 들어왔다. 도저히 먹을 수 없어 변기에 버렸다. 그렇게 선생의 감옥 생활은 시작되었다. 교도소 사정에 대해 아는 것이 전혀 없었으나 홀로 있으니 물어볼 사람도 없었다. 그저 벽에 붙어 있는 몇 줄 글을 수십 번도 더 읽었고, 벌레라도 한 마리 잡으면 함께 놀며 시간을 보내었다. 날 맑아 남쪽으로 나 있는 작은 창문으로 햇빛이라도 들어오는 날은 햇빛을 따라 좁은 방을 이리저리 옮겨다녔다. 시린 발과 언 손을 녹였다. 몸을 데우고 마음을 녹였다. 홀로 지낸 시간들이었지만 아주 홀로는 아니었다. 친구도 있었다. 식사 시간이 되어 달그락거리는 소리가 나면 마룻바닥에 뚫려 있는 작은 구멍으로 쥐가 고개를 내밀었다. 밥 한 덩이 던져주면 재빨리 물고 제 집으로 돌아가곤 하였다. 비둘기들도 날아왔다. 까치밥을 남겨두듯 비둘기 밥을 남겨두었다가 건네주었다. 어찌된 까닭인지 알 수 없었지만 성한 놈들이 별로 없었다. 발가락 부러진 놈들이 많았고 아예 발목이 부러져 절룩이는 놈도 있었다. 실이 발에 감겨 있어 잘 걷지 못하는 놈도 있었다. 그렇게 상처 입은 모습들을 보고 있노라면 만신창이가 되어 감옥에 갇혀 있는 자신을 보고 있는 것 같았다. 그렇게 쥐와 비둘기는 선생의 친구가 되었다.

교도소 생활을 하며 힘들었던 것이 무엇이냐는 나의 질문에 선생은 '홀로 있는 것'이라고 말했다. 사람은 홀로 살아가는 존재가 아니라 함께 살아가도록 창조된 존재인데 홀로 있으려니 견디기 힘들었다고 말했다. 말할 사람도 없고 마음 나눌 사람도 없이 저녁이 되어 빛이 스러지듯 홀로 스러져가야 하는 삶이 외롭고 고통스러웠다고 말했다. 형벌 중에 가장 큰 형벌이 홀로 있는 것이라고 말했다.

1975년 4월 8일 대법원에서 징역 15년 형이 확정되었다. 살아 나갈 수는 있겠구나 하는 희망이 없었던 것은 아니지만, 15년만 해도 긴 세월이었다. 5475일이나 되는 긴 나날들이었다. 전주교도소로 이감되었다. 형이 확정되자 교무과에서는 전향서를 쓸 것을 끈질기게 회유하며 설득하였다. 한 번도 공산주의 사상을 가져본 적이 없었던 선생이 전향서를 쓰면 공산주의자였다는 것을 스스로 인정하는 것이니 쓸 수 없다고 버텼지만 끝내는 전향서를 썼다. 살아온 날들 동안 단 한 번도 가져본 적이 없는 생각을 지키겠다고 교도소까지 와서 비티고 있는 자신의 모습이 어느 순간부터 우습게 느껴지기 시작했다. 독방에서 긴 세월을 홀로 보내야 한다는 것도 두려웠다. 선생은 전향서를 쓰고 주어진 삶을 받아들였다. 독방에서 합방으로 옮겨졌다. 홀로 잠들고 홀로 깨고 홀로 말하는 형벌에서 벗어나게 된 것이었다. 재소자들의 피복을 만드는 양재공장으로 출역도 나갔다. 신앙생활도 시작했고 세례도 받았다. 붓글씨도 배웠다. 자격증이 있으면 가석방에 조금이라도 도움이 된다는 말에 재단사 자격증도 땄다. 그렇게 교도소에서의 삶을 받아들이며 살아가는 동안 영원처럼만 느껴지던 만기일인 1989년 3월 20일이 멀지 않게 느껴지는 날을 맞게 되었다. 1987년의 어느 날이었다. 일주일간의 귀휴歸休 명령이 떨어졌다. 선생은 당일 아침에야 집에 간다는 것을 알았지만 아내는 미리 연락을 받아 옷과 신발 등을 가지고 와 기다리고 있었다. 간간이 면회 때 보던 것을 제외하면 12년 만의 만남이었다. 꿈만 같았다. 아무 말도 할 수 없었다. 그저 아내의 손을 잡고 눈물 흘렸다. 하숙을 치며 살림을 꾸려가고 있던 아내에게 미안하고 고맙고 감사하다고 말하고 싶었는데 마음의 말들은 입 밖으로 나오지 않았다. 그저 거칠어진 아내의 손을 꼭 잡고 있는 것 외에는 할 수 있는 것이 아무것도 없었다. 아내와 함께 집으로 가는 버스에 오르니 다시 눈물이 쏟아졌다. 그렇게 꿈같은 일주일이 지났다. 선생이 귀휴를 마치고 돌아온 어느 날 아내에게서 편지가 왔다.

준화 아빠 안녕하세요.
소식이 너무 늦어 미안합니다.
지금도 꿈에서 깨어나듯 당신 생각이 납니다.
너무 빨리 지나가버린 5일… 지금은 아쉬움만 남은 채,
13년 반이라는 세월 보다 남은 세월이 더 길게만 느껴집니다.
요즘 건강은 어떠신지요.
(중략)
지난번 휴가는 제 인생을 다시 새롭게 재생한 느낌입니다.
모든 일들이 새롭기만 하고 즐거운 마음으로 당신이 기다려집니다.
당신을 도와주신 모든 분들께 인사를 못 드려 죄송하기만 합니다.
이 은혜 두고두고 잊지 않겠습니다.

제가 다음 주말에 내려갈까 합니다.

자세한 이야기는 그때 나누기로 해요.

두서없는 글 이만 줄이고 만나는 날까지 안녕히 계세요.

10월 13일

준화 어머니 올림

아내의 희망 어린 편지는 선생에게도 희망을 주었다. 그렇게 1987년 한 해가 저물어갈 즈음 선생은 만기를 약 15개월 앞두고 성탄절 특사로 가석방되었다. 13년 9개월 만의 출소였다. 아내의 편지를 받고 71일 만의 출소였다.

희망을 안고 출소했지만 출소 후의 삶도 그다지 편하지는 않았다. 두 주일 만에 어머니가 돌아가신 것이다. "네 옆에서 눈을 감게 됐으니 여한이 없다"고 하셨지만 선생은 자신 때문에 마음고생하셨을 어머니를 생각하니 마음이 저려와 몸을 가눌 수 없었다. 집안은 풍비박산나 있었다. 아버지는 선생이 구속되고 나서 1년도 안 되어 돌아가셨고 함께 구속되었던 큰형도 5년의 형기를 마치고 출소한 후 얼마 안 되어 세상을 뜨셨다. 자신이 잘못한 것은 없지만 부모님과 형님의 죽음이 모두 자기 탓인 듯도 하여 마음이 편치 않았다. 하는 일도 그리 잘 되지 않았다. 봉제공장은 너무 월급이 적었고 여관업은 취객이나 폭력배들의 횡포로 인해 쉽지 않았다. 비디오테이프 대여 사업도, 주차장 사업도, 자판기 사업도 처음에는 잘 되는 듯했으나 이내 소득이 떨어져 더 이상 할 수 없었다.

그렇게 많은 날들이 지났다. 선생의 어린 시절부터 출소 이후의 삶에 이르기까지 지대한 영향을 미쳤던 작은형 이좌영 선생의 죽음이 전해졌다. 2008년 1월의 일이었다. 그리고 같은 해 10월에는 평생 선생 곁을 지켰던 아내가 세상을 떠났다. 교통사고였다. 부모님의 성묘도 하고 장인어른의 문병도 할 겸 봉고차를 운전해 고향으로 내려가는 길이었다. 점심식사 후의 식곤증 때문이었는지 길옆에 세워져 있던 탑차를 그대로 들이받았던 것이다. 선생의 아내는 그 자리에서 숨을 거두었다. 통곡했지만 눈물 마른 탓인지 나오지 않았.

선생이 병원에서 아내를 먼저 보낸 자괴감에 괴로워하고 있을 때 담당 형사가 찾아왔다. 보호관찰이 면제되었다고 결정문을 주고 갔다. 20년이 지나서야 보호관찰이 해제되었던 것이다. 아내는 보호관찰이 면제되는 것을 끝내 보지 못하고 떠났다.

밖으로 나오니 바람 차가웠다.

저녁 오고 있었다. 지는 해는 짙게 드리웠던 붉은 노을을 거두어 가고 있었다. 저무는 해가 노을을 거두어가자 이내 어둠이 내렸다. 차들은 하나둘 불을 밝혔다. 무심한 거리는 더욱 무심해 있었다.

돌아갈 수 없는 땅

전서봉 선생 이야기

'하나, 둘, 셋, 넷… 다섯, 여섯, 일곱, 여덟…'
　가슴 속으로 숫자를 세고 또 세었지만 잠이 오지 않았다.
　'쿵, 쿵, 쿵, 쿵…'
　멀리서 북소리가 들려오는 듯했다. 북소리 같기도 하고 발소리 같기도 했다. 점점 가까이 들려왔다. 두꺼운 콘크리트 벽을 넘어 이내 마루를 지나더니 성큼 방으로 들어섰다. 몸 가까이 왔다고 느끼는 순간 어찌 해볼 사이도 없이 순식간에 바람소리를 내며 빨려들 듯 몸으로 들어왔다. 심장으로 들어왔다. 본능적으로 손을 가슴에 대었다. 심장의 박동이 느껴졌다. 빠르게 뛰고 있었다. 숨을 몰아쉬었다. 시간이 조금 지나자 빠르게 뛰던 심장의 박동이 서서히 느려졌다. 높아졌던 숨결도 잦아들고 있다. 숨결도 심장의 박동도 정상적으로 돌아오고 있었다. 깊고 크게 숨을 내쉬었다.
　심장 소리였다. 심장 뛰는 소리는 어느 날은 북소리처럼 멀리서 들려오고 어느 날은 발소리처럼 가까이서 들려왔다. 깊은 밤이 되면 심장이 홀로 걸어나가 아픈 세상의 깊은 밤길을 홀로 서성이다 돌아오는 것만 같았다. 몸에 땀이 흥건히 배어 있었다. 초침 돌아가는 소리가 들렸다. 시계는 저 홀로 새벽 세 시 삼십 분을 지나고 있었다. 설핏설핏 든 잠에서 깨어 뒤척인 시간들이 그대로 쌓여 있었다. 아무리 입으로 머리로 가슴으로 숫자를 세며 잠을 청하였지만 잠이 오지 않았다. 수많은 생각들이 가슴을 쳤다. 체포되었던 38년 전의 그날이 오늘처럼 살아 숨쉬고 있었다. 이제라도 다시 문을 열고 들어설 것 같았다. 어디인지도 모르는 곳에 갇혀 다시 또 고문을 받을 것 같았다. 진실이 아닌 것을 강요받고 또다시 굴복해야 할 것 같았다. 그 굴복의 아픔이 마음 깊은 곳에 그대로 남아 있었다. 몸에 남은 고문의 고통과 흔적들은 잊을 수 있었고 또 세월 지나며 서서히 잊혀지기도 했지만 마음 깊은 곳에 자리하고 있는 치욕과 분노, 회한과 원망, 절망과 체념의 상처들은 사라지지 않고 있었다. 굴복할 수 없었던 그 고통은 사라지기는커녕 날이 갈수록 더욱 생생해졌다. 오늘의 일이고, 지금 이 순간에 일어나고 있는 일이었다. 아프고 아팠다.

 잠에서 깨어 잠들지 못하는 새벽마다 지난 세월의 상념들에 끌려다니다가 팽개쳐지곤 하였다. 6·25 때 행방불명되었던 장조카 덕술이 일본에 다녀오는 길에 들렀다며 13년 만에 울릉도에 나타났을 때 세세히 묻고 따져보지 못했던 것이 후회되기도 하였고, 덕술과 함께 북한에 다녀온 동생 영관이 찾아왔을 때 자수시키지 못한 것이 한이 되기도 하였다. 그렇게 후회하고 한스러워하다가 생각이 정부에 미치면 이내 원망으로 바뀌었다. 나라의 일이라면 누구보다 열심히 도왔던 선생이었다. 대한청년단에도, 공화당에도 참여하였을 뿐 아니라 독도경비대도 열심히 후원한 자신을 정부는 빨갱이로 만들어버렸다. 분노와 원망에 몸서리쳤고 회한과 안타까움으로 인해 괴로웠다.

'어떻게 그렇게도 사회를 모를 수 있단 말인가?'
'어떻게 반공법이 무엇인지도 모르고 불고지죄라는 것이 있는지도 몰랐단 말인가?'

설사 그런 것들을 알고 있지 못했더라도 사회를 제대로 이해만 하고 있었다면 잘 대처할 수 있었을 것이라는 마음의 미련이 선생을 더욱 괴롭혔다. 아무것도 모른 채 맞게 된 엄청난 사건에 당황하여 아무 일도 할 수 없었다. 그런 자신을 정부는 아무렇지도 않게 정말 태연하게 빨갱이로 만들어버린 것이었다.

숨결처럼 함께 살아온 불면증이었다. 사건이 일어난 1974년 이후로 오늘까지 불면증은 몸의 일부가 되었다. 삶의 일부가 되었다. 아니 또 다른 삶이 되어 있었다. 깊은 밤만 되면 잠들지 못한 채 또 다른 삶을 살아가고 있었다. 사건이 일어난 지 38년이나 지났고, 7년간의 감옥 생활을 끝내고 출소한 지 31년이라는 긴 세월이 지났건만 떠나지 않는 불면증은 밤마다 선생을 지나왔던 날들로 두렵고 끔찍했던 기억들로 데려가곤 하였다.

　울릉도경찰서로 오라는 연락이 닿아 있었다. 선생은 울릉경찰 경비대에서 독도경비 업무를 맡게 된 후부터 15년 동안 경비대가 교체될 때마다 물심양면의 후원을 아끼지 않은 공을 인정받아, 몇 년 전 경찰의 날에 내무부장관 표창을 받은 적이 있었다. 그런저런 연유로 경찰서와는 낯설지 않았다. 경찰관 대부분과도 알고 지내는 사이였다. 경찰서로 향했다. 거리에는 여러 날 전 내린 눈이 녹지 않고 남아 있었지만 바람 세차지 않았고 햇살 포근했다. 겨울의 끝을 헤집고 들어온 봄날 같았다. 경찰서로 들어서자 친지들의 모습이 보였다.
　'아, 영관이 일이 터졌구나!'
　선생의 직감은 무섭게 맞아떨어졌다.
　선생은 중앙정보부 남산분실로 이송되었다. 고문이 시작되었다. 사이사이에 장조카 덕술이 울릉도에 다녀간 일에 대해 물었다. 북한에서 온 것을 알고 있지 않았느냐고 물었다. 전혀 알지 못하는 일이었다. 동생 영관에 대해서도 물었다. 어린 시절부터의 모든 일들을 기술하게 했다. 동생이 북한에 다녀간 일에 대해서도 물었다. 사전에 알고 돕지 않았느냐고 물었다. 북한에서 돈을 받아온 것을 알았느냐고도 물었다. 동생이 배를 살 때 선생의 이름으로 산 이유가 무엇인지도 물었다. 선생은 아는 것은 아는 대로 대답하고 모르는 것은 모른다고 말했다. 그들이 원하는 대답이 나오지 않으면 무차별적인 폭행이 가해졌다.

그렇게 여러 날 지난 어느 날 그들은 진술서를 써가지고 와서 선생 앞에 내놓았다. 지장을 찍으라고 하였다.

"이런 내용은 나를 빨갱이로 만드는 것이니 찍을 수 없습니다."

선생은 거부하였다. 그들은 수건으로 선생의 눈을 가렸다. 보이지 않게 되자 두려움이 밀려왔다. 공포심으로 온몸이 오그라드는 것 같았다. 그들은 선생의 뒷무릎에 각목을 끼운 채 허벅지를 내리밟았다. 비명을 지르고 혼절해 쓰러졌다. 하지만 굴복하지 않았다.

'여기서 굴복하면 정말 간첩이 되겠구나.'

누구보다 애국심이 강했던 자신이었다. 대한청년단 울릉도 훈련부장도 하고 공화당에도 참여했던 자신이 간첩이 될 수는 없었다. 하지만 신생이 버틸수록 고문의 강도도 세졌다. 선생은 극심한 고통으로 다시 혼절했다. 선생의 귀에 그들의 말이 들려왔다.

"이 자식 정말 센데…."

기억을 더듬었다. 까맣게 잊고 지내던 기억들을 되살려내기 위해 애썼다. 1962년 12월이었다. 6·25 때 행방불명된 후 백방으로 알아봐도 알 수 없고 소식도 없어 죽은 줄 알았던 장조카 덕술이 울릉도에 나타났다. 6·25전쟁 당시 덕술은 서울로 유학 가서 연세대학교를 다니고 있었다. 그런 덕술이 13년 만에 울릉도에 나타났던 것이다.

"어찌 된 일이냐?"

"일본에 볼일 보러 갔다가 집으로 돌아가는 길에 부모님을 잠시 뵈러 들렀습니다."

선생은 세세하게 묻고 따지고 싶었지만 그럴 수 없었다. 그때 덕술은 선생의 태도에서 무슨 이상한 점을 느꼈는지, 묻지도 않은 말을 하였다.

"이제 돌아가면 다시는 오지 않겠습니다."

그렇게 말했다. 덕술은 며칠 더 머물다 떠났다. 그리고 자신의 말처럼 다시는 돌아오지 않았다. 당시에는 불고지죄라는 것도 몰랐지만 알았더라도 조카를 신고할 수는 없었을 것이다. 조카가 체포되면 큰형님의 얼굴을 볼 수 없을 것이기 때문이었다.

까마득하게 잊고 지내던 오래전 기억들이 하나둘 돌아왔다. 하지만 동생 영관이 장조카 덕술을 따라 북한에 다녀왔다는 것은 알지 못하는 일이었다. 더구나 돈을 받아왔다는 사실은 더더욱 알지 못했다. 처음 듣는 이야기들이었다.

당시 선생과 동생 영관의 대화는 그저 일상적인 이야기들 정도였다. 동생은 국회의원 하던 형님의 보좌관을 하다가 국회가 해산되는 바람에 울릉도로 내려와 있었다. 일정한 직업도 없이 다소 곤궁한 생활을 하고 있었다. 또한 위장병으로 고생하고 있었다. 그런 이유로 만나면 생활 걱정, 건강 이야기를 나누는 정도였다. 그런 영관이 덕술을 따라 북한에 갔고 돈을 받아와 썼다는 것이었다. 그것은 공작금이 되어 있었다. 심문을 받다보니 넉넉하게 살다가 갑자기 생활이 곤궁해졌으니 돈을 받아왔을 수도 있겠구나 하는 생각이 들기도 하였지만 간첩이라는 것은 터무니없는 이야기였다. 그들은 선생도 간첩으로 만들었다. 장조카 덕술이 북한에서 남파된 간첩이라는 것을 알고도 신고도 하지 않았을 뿐 아니라 활동을 도왔다는 것이었다. 동생 영관이 북한을 다녀온 것을 알고도 신고하지 않았을 뿐 아니라 돌아올 때 안전하게 돌아올 수 있도록 도왔다는 것이었다. 그들은 선생이 계속 버티자 고문과 함께 회유책을 쓰기 시작했다. 희망을 불어넣기 시작했다. 견딜 수 없는 고문과 공포 속에서 벗어날 수 있고, 예전처럼 살아갈 수 있다는 희망을 갖게 하였다. 한번 희망을 품자 그 희망이 곧 현실이 될 것처럼 느껴지기 시작했다. 그들은 고문을 하면서도 수시로 선생에게 말했다.

"여기서 견뎌봐야 몸만 다친다. 할 말 있으면 재판정에서 마음껏 해라."

죽음보다 심한 고문도 견뎌내던 선생이었지만 한번 희망을 품자 더 이상 견뎌낼 수 없었다. 희망은 고통을 더욱 극대화시키고 공포를 더욱 심화시켰다. 선생의 의지를 여지없이 꺾었다. 비참할 정도로 무너뜨렸다. 수사관들은 고문뿐 아니라 희망까지도 통제하고 있는 것처럼 보였다.

희망은 선생을 굴복시켰다.

몸은 마른 풀처럼 바스러지고 마음은 마른 재처럼 흩날렸다.

그렇게 지장을 찍고 재판을 받았다. 교도소로 갔다.

중앙정보부에서 고문을 받으며 가졌던 희망은 검찰조사와 재판 과정에서 산산이 깨졌다.

"중앙정보부에서 한 진술은 협박과 고문에 의해 어쩔 수 없이 한 것이지 진실이 아닙니다."

선생은 검사에게 항변하였다.

"중앙정보부에서 시인했던 것을 여기서 부인하면 다시 중앙정보부로 가야합니다. 처음부터 다시 조사를 받아야 합니다."

검사는 미간도 찌푸리지 않고 무심한 듯 말하였다. 마치 선생을 위해 해주는 말이라는 투였다. 그 지옥으로 다시 돌아갈 수는 없었다. 선생은 그 협박에 다시 굴복하였다.

하늘 시리도록 푸르른 날이었다.

재판을 기다렸다. 재판에서는 진실을 말하겠다고 생각하였지만 그럴 기회조차 주어지지 않았다. 아무리 국선변호인이라고 하지만 변호를 하겠다는 의지를 애초부터 갖고 있는 것 같지 않았다.

"당신 말대로 하면 당장 당신을 내보내야 하는데 그렇게 해서는 죄가 되겠느냐? 억울한 것은 알겠지만 워낙 큰 조직사건이어서 어쩔 수가 없다."

오히려 선생을 설득하였다. 판사는 아예 변론의 기회를 주지도 않았다. 처음부터 귀를 기울일 생각이 없었던 것 같았다.

그렇게 7년 형을 받았다.

'유신체제 선포 후 시국이 심상치 않더니 이렇게 정치적 목적에

이용당하는구나.'

 분하고 억울하여 가슴이 찢어지고 온몸이 타들어가는 듯했다. 남겨진 가족들 걱정에 잠을 이룰 수 없었다. 신경은 날카로워지고 몸은 쇠약해졌다. 자신을 지키기 위해 마음을 다스리려 하였으나 뜻대로 되지 않았다. 그렇게 잠 못 이루는 밤은 길어졌고 불면증이 찾아왔다.

 1981년 4월 19일 7년의 형을 끝내고 출소를 하니 모든 것이 달라져 있었다. 양조장 면허는 취소되어 있었고, 남면 사동의 집은 울릉군 수협에서 대출한 양식자금을 갚지 못해 경매처분되어 있었다. 조금 남은 재산마저도 재판비용으로 다 사용하여 남아 있는 것이 아무것도 없었다. 더 이상 울릉도에서 생활해나갈 수 없는 가족들은 아무런 연고도 없는 대구로 나와 있었다. 생계에 대한 아무런 대책도 없이 먼저 나오고 본 탈출이었다. 빨갱이 집안이라는 냉대와 멸시를 견뎌낼 수 없었던 것이다.

 오래전 선생은 울릉도에서 소주 공장을 운영했다. 당시 울릉도에는 나뭇짐을 해서 생계를 유지하던 사람들이 많았다. 하지만 나뭇짐이 항상 잘 팔리는 것이 아니었다. 나뭇짐을 팔지 못한 날은 밝은 날 빈손으로 집에 들어갈 수 없어 개울에 지게를 세워놓고 해 지기를 기다리는 이들이 제법 있었다. 배 곯으며 아버지가 먹을 것을 사 오기만을 기다리는 아이들의 천진한 얼굴을 마주볼 용기가 없기 때문이었다. 이웃들의 그런 처지를 잘 아는 선생은 매번 개울가에 지게를 내려놓고 있는 이들을 볼 때마다 현찰을 주고 나뭇짐을 모두 샀다.

이웃들은 당연히 그런 선생을 좋아했다. 고마워하고 감사해했다. 하지만 사건이 발생하자 누구 하나 선생을 거들고 편들어주지 않았다. 선생이 없는 선생의 집안을 살펴주지 못했다. 그렇게 하고 싶어도 할 수 없었던 시절이었다.

남아 있는 것은 아무것도 없었다. 모든 것이 무너져 있었다. 가족들의 삶도 빠짐없이 허물어져 있었다. 울릉군 수협에 근무하던 장남은 사건 발생 후 직장을 그만둘 수밖에 없었고 우울증에 걸려 고통받고 있었다. 그 후로 이렇다 할 직업도 가지지 못한 채 가정도 꾸리지 못하고 홀로 살아가고 있었다. 생각할 때마다 자신의 탓인 것 같아 미안하고 아프고 괴로웠다. 차남은 공무원으로 채용되어 한 달간의 교육까지 마쳤으나 임용에서는 제외되었다. 사남 역시 공무원 시험에 붙었으나 채용되지는 못하였다. 전화국에 다니던 장녀도 그만두고, 백화점의 점원으로 일해야 했다. 법적으로는 없어졌다고 하지만 강력하게 우리 사회를 지배하고 있던 연좌제에 걸렸던 탓이었다.

선생은 그해 여름 울릉도로 들어갔다. 꿈에 그리던 울릉도 바다였다. 교도소의 깊은 밤 홀로 잠에서 깨어 뒤척일 때면 어김없이 파도 소리가 들려오곤 했다. 함께 고기 잡고 그물질하던 벗들의 왁자

한 목소리도 잠시 전처럼 또렷이 들려오고 젊은 날 어르신들에게 들던 꾸지람 소리도 며칠 전 일처럼 생생하였다. 어린 날 친구들과 함께 헤엄을 치며 놀던 기억도 어제처럼 새로웠다. 맑고 투명한 바다였다. 바다가 있어 살아갈 수 있었고 바다가 있어 꿈을 키울 수 있었던 시절이었다. 행복했던 날들이었다.

배 지날 때마다 밀려났던 물결은 곧 겹겹이 밀려왔다. 제 있던 자리로 돌아오는 것 같았다. 선생도 몸 기대어 살던 고향으로 돌아가고 있었다. 예전과 달리 배에는 낯선 이들뿐이었지만 그리움은 아직 거기 남아 선생을 기다리고 있었다.

울릉도는 선생이 떠나던 7년 전과는 많이 달라져 있었다. 항만도 생기고 택시들도 다니고 있었다. 관광객들을 위한 숙박업소와 식당들도 많이 들어서서 장사하고 있었다. 조부모님과 부모님의 산소에 참배를 하였다. 살던 동네도 많이 달라져 있었다. 예전의 집들은 많이 헐리고 새로운 집들이 들어서고 있었고 정겹던 흙길은 시멘트 포장도로로 바뀌고 있었다. 선생은 교도소에서 7년 동안 모은 50만 원과 자녀들이 보태준 돈으로 작은 낚싯배를 한 척 구입하였다. 빈집을 하나 얻어 생활을 시작했다. 태어나 살아온 땅이 자신을 다시 받아들여주기를 간절히 소망하였다.

배를 띄웠다. 바다로 나갔다. 배는 물결을 밀어내며 앞으로 나아갔다. 낚시를 드리우는 선생의 손이 가볍게 떨렸다. 가슴이 뛰었다. 남산으로 끌려가 고문을 빋는 동안, 긴 겨울밤 홀로 잠 못 이루고 뒤척이던 수많은 날들 동안 '어쩌면 다시는 울릉도 바다로 돌아가지 못할지도 모른다'는 생각을 얼마나 많이 하였던가. 하지만 끝내는 울릉도 바다로 돌아와 있었다. 아직 끝나지 않은 삶이 거기서 기다리고 있었다. 아직 가시지 않은 그리움이 울릉도 바다에 남아 있었다. 낚시를 드리웠다. 낚시하기 좋은 날이었다. 하지만 너무 오랜만의 낚시질이었던 탓일까. 물고기는 별로 잡히지 않았다. 다음 날도 그 다음날도 잡히지 않았다.

물고기는 다니는 길과 시간이 정해져 있어 그 시간과 길만 알면 물고기를 잡는 것은 그리 어려운 일이 아니었다. 선생은 오랜 경험으로 물고기 지나는 길과 시간대를 잘 알고 있었다. 울릉도에는 회유어인 방어, 고등어, 꽁치 등과 바다 깊은 곳에 자리잡고 사는 우럭, 가재미 등이 많이 잡혔다. 선생은 주로 방어를 잡았다. 방어는 팔면 돈도 되었다. 영리해서 그물에도 잘 걸리지 않는 방어지만 오징어를 좋아해서 오징어를 따라 이동하곤 했다. 울릉도에 오징어가 많기 때문에 방어도 많았다. 1미터 정도 크기로 자란 것도 있었다. 선생은 양조장을 하던 시절에도 배를 타고 나가 방어 낚시를 많이 하였다. 한번 나가면 70여 마리씩 잡아 사람들에게 나누어주곤 하였다. 그런 연유로 사람들이 선생이 방어낚시 나가기를 은근히 기다리는 일도 많았다. 선생은 옛 기억을 되살려 방어가 가는 길과 시간대를 맞추어 낚싯대를 던졌다. 두 번 세 번 거듭 던졌지만 매번 방어는 걸리지 않았다. 선생은 빈손으로 돌아와야만 했다.

모든 것이 달라져 있었다. 겉모습만 달라진 것이 아니었다. 항만

이 생기고 택시가 다니고 관광객이 많아지고 새로운 건물들이 들어서고 시멘트 포장길이 많아진 것만 달라진 것이 아니었다. 바닷길도 물길도 달라져 있었다. 지형도 달라지고 수온도 달라지자 물고기들이 다니는 길도 달라져 있었던 것이다. 물고기들 다니던 길만 달라진 것도 아니었다. 선생을 맞고 대하는 이웃들의 태도도 예전과는 많이 달라져 있었다.

그런 날들이 지났다.

선생은 남겨두었던 그리움을 만나고, 잃어버린 삶을 되찾기 위해 들어왔던 울릉도를 다시 떠났다. 배는 맡겨둔 채였다. 대구로 나와 장사를 했다. 방어 횟집을 열었지만 역시 잘 안 되었다. 몇 달 만에 문을 닫고 취직을 했다. 버스회사의 야간 경비였다. 가족들이나 가까운 이들은 힘들게 밤일을 한다며 걱정들이 많았지만 선생은 오히려 야간 경비 일이 좋았다. 불면증을 잊을 수 있어 좋았다. 긴긴 밤마다 잠 이루기 위해 뒤척이지 않을 수 있어 좋았다. 수많은 상념으로부터 벗어날 수 있어 마음은 오히려 편안했다. 61세에 경비로 들어가 69세까지 근무했다. 출소한 바로 그해 울릉도에 들어갔던 것이 벌써 10여 년이나 지나고 있었다. 그 세월 동안 울릉도를 잊으려고 노력하였지만 울릉도는 사라지지 않고 더욱 선생의 가슴속에 크게 자리잡고 있었다.

선생은 사표를 내고 다시 울릉도로 갔다. 출소하던 1981년 7월에 들어가서 맡겨두고 나왔던 배는 이미 파손되고 없었다. 다시 배를 장만하였다. 방어잡이를 나갔다. 어떻게 해서든 삶이 남아 있는 울릉도로 돌아오고 싶었다. 잃어버린 삶을 되찾고 싶었다. 잃어버린 지난 세월을 회복하고 싶었다. 방어잡이는 삶의 회복을 위한 첫걸음이었다. 하지만 이번에도 방어잡이는 신통치 않았다. 섬 주변에 그물을 워낙 많이 쳐놓아 방어들이 뿔뿔이 흩어져 잡기 어려웠던 것이다. 배를 팔고 다시 나왔다.

울릉도가 서서히 잊히고 있었다. 지난 1994년, 출소하고 두 번째 울릉도에 들어갔다 돌아온 그날 이후 굳이 울릉도를 잊으려고 애를 쓰지도 않았지만 서서히 잊혀갔다. 사람과 사람 사이의 관계도 다 끊어져 아는 이들도 별로 남아 있지 않았다. 특별히 울릉도에 들어가 살 이유도 없었다. 하지만 시간이 흐르자 마음 깊은 곳에서부터 다시 울릉도에 대한 그리움이 피어올랐다. 조물조물 피어오르더니 점점 마음 전체로, 몸 구석구석으로 퍼져나갔다.

울릉도는 내게 무엇일까
흘린 땀과 바다의 숨결로 일 년 내내 안개 가득하고
바람 흐르던 땅
자신을 늘 품어주고 꿈을 키워주었던 바다
지나온 삶과 품었던 그리움 그대로 남아 있는 고향
뛰어놀던 옛길들과 수많은 추억들

사람들과의 관계는 끊어져 잊혀졌지만 고향은 아직도 남아 있었다. 바다와의 관계는 아직도 끊어지지 않고 있었다. 울릉도 바다는 여전히 선생의 가슴속에서 일렁이고 삶 속에서 출렁이고 있었다.

선생은 다시 울릉도로 들어갔다. 76세 때였다. 고향집 옆에 있는 동장 소유의 빈집을 그냥 쓰게 되었다. 집을 수리해서 살았다. 배도 다시 구입하였다. 다시 방어잡이에 나섰다. 하지만 이번에도 역시 방어는 잡히지 않았다.

나는 이제 연로하시어 잘 들리지 않는 선생님께로[1] 몸을 기울여 큰 목소리로 물었다.

"선생님, 다시 또 울릉도에 들어가고 싶으세요?"

선생은 잠시 망연하였다. 침묵 흘렀다. 울릉도 바다를 바라보고 있는 것 같았다. 이미 그곳에 가 계신 것 같았다.

"가고 싶지요. 울릉도는 늘 내 마음속에 있어요. 하지만 이제 가 봐야 아는 사람들도 거의 없어요. 고기를 잡을 수도 없고. 그러니 가서 뭘 하겠어요…."

선생은 돌아가고 싶으나 돌아갈 곳이 없는 고향 땅 울릉도를 그리워하고 있었다. 1974년 2월 타의에 의해 고향을 떠난 이후로 고향으로 돌아가지 못하고 부초처럼 떠돌고 있었다. 그러다 강물에라

---

1 선생은 1925년생으로 2012년 현재 87세이다.

도 닿고 바다에라도 가닿아 그리운 울릉도 바다에 이를 수 있기를 바라고 바라는 듯했다.

사건 일지

1953년 7월	사건 피해자 홍봉훈, 도일.
1960년 7월	사건 피해자 하석순, 도일.
1964년 2월	이성희, 일본 동경대 대학원 유학차 도일.
1965년 1월	김영권, 양돈 연수차 도일.
1965년 9월	최규식, 농업기술 연수차 도일.
1965년 9월	유창렬, 잠업기술 연수차 도일.
1965년 9월	이한식, 농업기술 연수차 도일.
1965년 10월	최규식, 유창렬, 이한식, 김영권 등 유학 또는 농업기술 연수차 도일.
1967년 4월	이을영, 도일.
1967년 10월	이성희, 동경대 대학원 박사학위 취득.
1967년 10월 31일 ~ 11월 4일	이성희, 방북.
1967년 11월 29일	이성희, 귀국.
1968년 6월	구자현, 도일.
1969년 9월	이지영, 도일.
1972년 10월	중정, 이좌영의 매제 최길하를 연행. 재일교포 사업가 이좌영과 이사영 관련 동태 파악을 지시.
1972년 10월 16일	중정, 일본으로 출국하려던 양동수(이좌영이 운영하던 회사의 직원)를 공항에서 연행, 고문 수사하고 이좌영 관련 동태를 중정에 보고하도록 지시.
1972년 10월 17일	유신헌법 선포.
1972년 11월 15일	중정, 최길하로부터 재일교포 이좌영과 김용득의 간첩용의 관련 첩보 입수.

1974년 2월 3일	김용득 등 울릉도 지역 관련자, 이날부터 2월 21일 사이에 모두 중정에 연행. 같은 해 2월 15일부터 3월 6일 사이에 중앙정보부 공작과는 이성희 등 전북 지역 관련자를 중정에 연행. 2~22일간 불법구금된 상태에서 조사. 중정은 피의자들에게 물고문과 각목 구타 등을 가하고, '재일공작원' 이좌영이 1964년 2월부터 1974년 1월경까지 금품 등을 제공하며 남한에서 온 유학생과 연수생(이성희, 최규식, 이태영, 홍봉훈, 하석순 등)을 포섭하였고 이좌영의 지시에 따라 국내에 잠입하여 간첩행위를 하였다는 허위자백을 얻어냄.
1974년 2월 4일	전용봉 체포·연행.
1974년 2월 5일	김장곤 체포·연행.
1974년 2월 7일	김용득 체포·연행.
1974년 2월 8일	전원술 체포·연행.
1974년 2월 9일	손두익 체포·연행.
1974년 2월 10일	전국술, 전서봉, 전석봉 체포·연행.
1974년 2월 12일	김용희, 서화수, 정의출, 한학수, 전성술, 전연순 체포·연행.
1974년 2월 13일	박인조 체포·연행.
1974년 2월 14일	전경술 체포·연행.
1974년 2월 15일	이사영, 이지영 체포·연행.
1974년 2월 16일	최규식 체포·연행.
1974년 2월 20일	안월득 체포·연행.
1974년 2월 21일	한명국, 한명도 체포·연행.
1974년 2월 28일	중정, 이성희 구속영장 집행.
1974년 3월 5일	하석순 체포·연행.
1974년 3월 6일	김영권, 유창열, 이태영, 홍봉훈 체포·연행.
1974년 3월 7일	이한식 체포·연행.

1974년 3월 13일	중앙정보부, 이성희 서울지검 송치(3월 15일부터 3월 27일까지 4회 피의자신문조서 작성). 이성희는 동경대 대학원 유학 시절 이좌영에게 포섭되어 입북(1967년 10월 29일~11월 4일)하여 노동당에 입당하고 간첩 지령을 받아 국내에 잠입하여 현역 장군인 친동생으로부터 군사기밀을 탐지하는 등 간첩활동을 하였고, 최규식은 1965년 9월 농업기술 연수차 도일했을 때 이좌영에게 포섭되어 입북하여 간첩 지령을 받고 국내에 잠입하였고, 김영권은 1965년 양돈기술 연수차 도일하여 오두성에게 포섭되어 노동당에 입당하고 간첩 지령을 받아 국내에 잠입하여 간첩활동을 하고, 유창열은 1965년 9월 잠업기술 연수차 도일하여 조총련에 포섭되어 기밀을 탐지·보고하고, 이한식은 1965년 9월 농업기술 연수차 도일하여 조총련에 포섭되었고, 구자현은 1968년 6월 이좌영에게 포섭되어 지령·수수하고 간첩활동을 하고, 이을영은 1967년 4월 이좌영에게 포섭되어 금품을 수수하고, 이사영은 1967년 4월 이좌영에게 포섭되어 북한방송을 청취하고, 이지영은 1969년 9월 이좌영에게 포섭되어 금품을 수수하고 편의를 제공하고, 이태영은 1965년 이좌영으로부터 금품을 수수하고, 통신연락하고, 홍봉훈은 1971년 이좌영에게 포섭되어 금품을 수수하고, 하석순은 1960년 7월 이좌영을 만나 포섭되어 금품을 수수하였다는 등의 혐의로 기소.
1974년 3월 25일	홍봉훈, 구치소 소장실 옆방에서 김영수 검사에게 중정에서의 진술을 부인. 당일 오후 구치소 내 빈 방에서 중정 수사관에게 폭행·협박당함.
1974년 4월 11일	백영기, 이좌영 집에서 이성희를 만났으나 정치적인 문제를 이야기한 적은 없다고 중정 조사에서 진술.
1974년 4월 16일	중정 수사관, 이날부터 4월 30일까지(15일간) 구치소 수감 중

	인 이성희에 대한 신문 승인 요청.
1974년 4월 17일	1차 공판. 이성희 국가보안법 위반 건과 피고 김용득 외 19명 국가보안법 위반 건을 병합하기로 결정. 이후 9회 공판 진행.
1974년 4월 19일	이좌영, 일본에서 기자회견. 「이좌영의 호소문」에서 간첩 혐의를 부인하고, 중정의 허위날조라고 주장. 호소문에서 "내가 친구와 일본에 설립한 신한교역 사원 양동수는 동대 경제학부 졸업 후 모교 연구실에 있으면서 2년 전 사회생활을 신한교역에서 처음 시작하게 된 전도유망한 28세 청년이었다. 서울에 있는 신한섬유(주)와의 생산, 판매계획 타진을 마치고 귀국길에 오르려던 그는 중정에 체포(1974년 10월 16일)되었다. 중정에서 모진 고문을 통한 조사를 받고 약 일주일 만에 풀려나 일본에 돌아온 뒤 나에게 모든 것을 이야기했다. 합병회사의 허가를 전후해서 작년 2월 이후 고조되었던 반독재 민주주의에 대해 박 정권은 위기의 순간에 반드시 '재일동포를 재물로 삼을 것이다'라는 양군의 말이 생각났지만, 사업이 바빠 불안을 떨쳐버렸다. 정보부는 양군의 사건 후 1년여 동안 충분히 나의 신원을 조사하고, 친구나 지인들을 통해 내가 다른 사람들보다는 다소 민족정신이 강하지만 평범한 재일교포 실업가로 특별한 것이 없다는 사실을 알아냈을 것이다"라고 주장.
1974년 5월 17일	서울지법 5차 공판. 이성희, 신희근의 소개로 이좌영을 알게 되어 만났으나 간첩이라는 사실을 몰랐다고 진술.
1974년 5월 22일	1심 6차 공판. 이성희, 최규식, 이태영은 '이좌영이 조총련인 줄 몰랐다'고 진술.
1974년 6월 15일	중정, 이날부터 6월 25일까지(11일간) 구치소 수감 중인 이성희에 대한 신문 승인 요청.
1974년 7월 24일	서울형사지법, 이성희 사형 선고. 전북 사건 관련 피고인 최

규식은 사형, 이사영, 김영권은 무기징역, 구자현, 이을영은 징역 12년 자격정지 12년, 유창열은 징역 10년 자격정지 10년, 이지영, 이한식은 징역 5년 자격정지 5년, 홍봉훈은 징역 3년 자격정지 3년. 이태영은 징역 2년 자격정지 2년, 하석순은 징역 1년 6개월 자격정지 1년 6개월을 선고. 울릉도 사건 관련 피고인 전영관, 김용득, 전영봉은 사형, 서화수는 무기징역, 손두익은 징역 15년, 김용희, 박인조, 전서봉은 징역 10년, 전원술, 전국술, 김장곤은 징역 7년, 전석봉은 징역 3년, 정의출은 징역 1년 6개월, 한학수, 한명국, 한명도, 전성술, 전영순, 전영술, 안월득은 징역 1년을 선고.

1974년 10월 31일   김영권, 법원에 답변서 제출. '사실은 중정에서 취조받는 동안 심한 고문을 참지 못하고 허위사실을 자백하였던 것'이라며 중정의 고문조작 주장.

1974년 11월 11일   홍봉훈, 항소이유서에서 '중정에서 취조받을 때 강한 고문과 강요를 이겨낼 도리가 없어 추궁받은 대로 시인한 것이지 전혀 사실무근'이며, '1974년 3월 25일 구치소에서 중정 직원에게 폭행, 협박당하고 검찰에서 중정에서의 진술을 부인하지 않겠다고 말했다'고 호소.

1974년 11월 16일   이사영, 탄원서 제출. '진술서에 기재된 내용은 육체적 고통 때문에 반공교육이나 반공연설 등에서 얻은 말을 생각나는 대로 허위로 진술했으며, 그때는 하루속히 중정을 떠나고 싶은 일념에 그랬던 것'이라며 중정의 고문조작 호소.

1974년 11월 17일   이성희, 탄원서 제출. '중정의 조작사건'이라고 호소.

1974년 11월 18일   서울고등법원 1차 공판. 이을영, '중정에 다시 가서 조사받을까봐 조사받은 대로 맞다고 진술했다'고 호소. 이성희는 '백지를 주고 인적사항을 쓰라기에 썼을 뿐 노동당 입당원서인지는 모른다', 동생으로부터 군사기밀을 들은 적 없다고 진술.

1974년 11월 25일	서울고등법원 2차 공판. 이삼희, 이성희에게 군사기밀을 말한 적 없다고 진술.
1974년 12월 9일	서울고등법원, 이성희 무기징역 선고. 전북 관련 피고인 최규식은 무기징역, 이사영은 징역 15년, 구자현, 이을영은 각각 징역 10년, 이지영은 징역 3년, 홍봉훈은 징역 2년으로 감형. 울릉도 사건 관련 피고인 손두익은 징역 10년, 전서봉은 징역 7년, 전국술, 김장곤은 징역 5년으로 감형.
1975년 4월 8일	대법원, 이성희 상고 기각.
2006년 7월 26일	이성희, 진실화해위원회에 진실규명 신청.
2010년 6월 29일	진실화해위원회, '이성희 등에 대한 간첩조작 의혹사건' 진실규명 결정. "국가는 중정이 수사과정에서의 불법구금 및 가혹행위를 가한 점에 대하여, 그리고 검찰이 중정의 위법수사를 묵인한 점, 법원이 고문 및 가혹행위를 무시하고 유죄를 선고한 것에 대해 신청인과 그 가족에게 사과하고 형사소송법이 정한 바에 따라 재심 등의 조치를 취하는 것이 필요하다"고 권고.
2011년 12월 27일	이성희 재심 결정.
2012년 11월 22일	서울고등법원, 이성희 재심에서 간첩 혐의에 대해 무죄, 다만 일본 유학 시절 북한을 방문한 사실에 대해 일반 잠입·탈출죄를 적용하여 징역 3년 자격정지 3년을 선고.

개인별 약력

손두익 선생 약력

1930년 10월 14일	경상북도 울릉군 북면 나리동에서 출생.
1950년	6·25 발발. 며칠 뒤 경주로 피난. 전투기의 무차별적인 기총소사에서 기적적으로 살아남음.
1950년 10월	울릉도로 들어가기 위해 포항에서 승선.
1952년 2월 19일	부인 전일순 여사와 결혼.
1964년	강원도 거진항으로 명태잡이 갔다가 납북되어 30일간 북한에 구금. 돌아온 후 구속되어 재판. 징역 3년, 집행유예 5년을 선고받고 항고했으나 기각됨.
1966년	수협 대의원선거에서 대의원에 당선.
1970년	수협중앙회에서 소형 어선 건조 사업으로 융자와 보조를 받아 '만길호'를 건조.
1974년 2월 18일	자택에서 중앙정보부 수사관에게 연행되어 구속. 무기징역을 구형받았으나 대법원에서 징역 10년, 자격정지 10년 선고.
1982년 12월	어머니 별세.
1984년 4월 18일	출소. 보안관찰 시작. 동향보고서는 35일에 한 번씩 제출. 수시로 경찰서에서 심문과 조사 받음.
2012년 3월 4일	부인 전일순 여사 별세(위암 발병 후 4년 동안 투병).
2012년 10월 17일	서울고등법원에서 재심 개시.
2012년 현재	울릉도에 거주.

이성희 선생 약력

1926년 8월 17일	전북 부안군 백산면 금판리에서 출생. 12남매 중 9남매 생존.
1941년	이리공립농림학교 수의축산과 입학.
1944년	일본군에 입대.
1945년	종전과 동시에 귀가.
1948년 6월	개편된 학제에 따라 6년제였던 중학교를 제1기생으로 졸업. 이리농과대학 입학.
1955년	전북대학교 수의학과 전임강사. 이후 교수로 재직.
1964년	동경대학 대학원 수의학 박사과정 입학.
1967년 10월 20일	박사학위 취득.
1967년 10월 말경	입북. 혁명박물관, 김일성 생가, 트랙터 공장, 남포제철소 등을 답사. 김일 제1부수상을 만나 통일에 대해 의견을 교환.
1967년 11월 말	귀국. 전북대학교 복직.
1968년	전북대학교 교학처장으로 임명. 이후 교무처장직 수행.
1974년 2월 15일	중앙정보부에 연행.
1974년 7월 24일	서울형사지방법원에서 사형 선고.
1974년 12월 9일	서울고등법원에서 무기징역으로 감형.
1975년 4월 8일	상고 기각되어 형 확정.
1991년 2월	출소. 보안관찰 시작.
1996년	인제로 내려감.
2012년 7월 10일	서울고등법원에서 재심 개시.
2012년 11월 22일	서울고등법원의 재심에서 간첩 혐의에 대해서는 무죄, 다만 유학 시절의 북한 방문에 대해 일반 잠입·탈출죄를 적용, 징역 3년 자격정지 3년을 선고.

최규식 선생 약력

1937년 2월 9일	출생.
1960년	전북대학교 농과대학 수의학과 입학.
1964년	수의학과 졸업.
1965년	일본에 농촌산업연수생으로 파견되어 6개월 정도 생활한 후 귀국.
1968년	'야생동물의 계절 번식'을 연구하기 위해 동경대에 유학.
1968년 7월	방북. 일주일간 체류.
1974년 2월	연행.
1991년 2월 25일	가석방. 임종을 지켜 드리지 못한 아버님 묘소에서 석 달 동안 시묘.
2004년	전주최씨 송애공파 종중에서 8년간 총무 역임
2004년 12월	암 발병.
2010년 11월	전주최씨 송애공파 종중에서 도유사로 선출.
2012년 7월 1일	지병으로 별세.

전국술 선생 약력

1941년 5월 5일	경북 울릉군 남면 도동에서 출생.
1961년 4월 10일	국립체신대학 입학. 2개월 만에 학업 중단.
	5·16 군사쿠데타로 일시 휴교. 이후 폐교 발표.
1964년 4월	연세대학교 경영학과 입학.
1968년 1월	기업은행 입사.
1968년 2월	연세대학교 경영학과 졸업.
1973년 2월	부인 이선미 여사와 결혼.
1973년 7월	중소기업은행 부산지점으로 발령.
1973년 8월 17일	첫째아들 찬승 출생.
1974년 2월 10일	새벽 6시경 부산 집에서 중앙정보부 수사관들에게 연행.
1974년 2월 13일	서대문교도소로 이감.
	1심에서 징역 7년, 자격정지 7년 선고.
	2심에서 징역 5년, 자격정지 5년 선고.
	대법원 상고가 기각되어 형이 확정.
1975년 4월	광주교도소로 이감.
1979년 4월 20일	출소.
1980년 2월	둘째아들 찬호 출생.
1991년 8월 4일	23년 만에 고향 울릉도 방문.
2012년 현재	포항 거주. 서울고등법원에서 재심 재판 중.

전동희 선생 약력

1960년 4월 22일   출생.
1972년   서울에 거주하다 울릉도로 이사.
1974년   부모님 구속으로 소녀가장이 됨(만14세).
1976년   대구로 이사하여 가내수공업으로 생활.
1982년   경북여고부설 통신고등학교 졸업.
1985년 10월 9일   결혼.
1986년 8월 6일   아들 출산.
1986년 10월   혼수방 운영.
1995년 2월 5일   만성신부전 말기 판정을 받고 투석 시작.
2005년 4월   유방암 수술(투석 합병증).
2012년 현재   17년째 투석 중.

전영관 선생(전동희 선생의 아버지) 약력

1930년 12월 30일   출생.
1957년   영남대학교 법학과 졸업.
1959년 1월 30일   결혼.
1961년   국회의원(전석봉 의원) 비서. 5·16 군사쿠데타로 실직.
1962년   울릉도에서 울릉도상회 경영.
1965년   서울에서 사업 시작.
1972년   사업 실패. 울릉도로 이주(대영호 선주).
1974년 1월 31일   연행.
1977년 12월 5일   사형 집행.

김영권 선생 약력

1934년 6월 13일	전라북도 고창군 삼원면 두어리에서 출생.
1952년 3월 5일	정읍중학교 졸업.
1952년 3월 10일	정읍농림고등학교 축산과 졸업.
1955년 8월 5일	논산훈련소 입대.
1956년 9월	육군부관학교 속기 9기 수료.
1961년 10월 16일	결혼.
1961년 2월	새마을 지도자로 활동.
1963년	고창군 심원면 두어리 마을금고 이사장, 고창군 심원면 자원 지도자 활동.
1965년 9월	일본 중앙양돈주식회사 1년 연수.
1966년 9월	방북하여 13일간 체류하였다가 일본으로 돌아와 귀국.
1967년	고창군 농사개량클럽 회장.
1968년	고창군 재향군인회 부회장.
1974년 3월 7일	연행.
1992년 3월 1일	3·1절 특사로 가석방.
1992년	기아산업 안전관리직으로 취직. 1년 6개월 근무.
1993년	새교육신문사 관리부장, 쌍문시장 상무, 노변주차장 근무.
1997년	빌라 경비원으로 7년 동안 근무.
2012년 현재	10년째 치과기공소에서 근무 중.

이사영 선생 약력

1938년 11월 11일	출생.
1959년 2월	이리공업고등학교 졸업.
1961년 4월	한양대학교 입학.
1965년 2월	한양대학교 졸업.
1967년 5월 6일	결혼.
1968년 5월 10일	큰딸 출생. 전주연초제조창 입사.
1969년 10월 25일	둘째딸 출생.
1970년	전주연초제조창 퇴사. 군 입대.
1971년 6월	군 제대(의가사 제대).
1973년 7월 25일	아들 출생.
1974년 2월 15일	체포. 1심에서 무기징역 선고. 2심에서 징역 15년으로 감형.
1975년 4월 8일	상고 기각. 대전교도소 이감, 전주교도소 이감.
1987년 12월 24일	가석방.
1991년	선린섬유 입사(1992년 퇴사).
1992년	비디오테이프 대여업 개업(1994년 폐업).
1995년	선린섬유 재입사(1997년 퇴사).
1997년	주차장 개업(2000년 폐업).
2000년	자판기 사업 개업(2003년 폐업).
2003년	지입차 개업(2008년 폐업).
2008년 10월	교통사고로 아내 별세.
2012년 6월 18일	재심 개시 결정.
10월 17일	재심 1차 공판.

전서봉 선생 약력

1925년 9월 9일	경북 울릉군 남면 179-7번지에서 출생.
1943년 10월	일본의 강제징집령으로 일본해군으로 징병.
1945년 8월 15일	해방을 맞아 귀국. 울릉도로 귀향.
1946년	결혼.
1950년 3월	울릉도에서 성인소주 공장을 인수하여 1967년까지 경영.
1953~56년	독도의용수비대 후원. 대한청년단 울릉군 남면단 훈련부장.
1960년 4월 19일	형 전석봉이 국회의원 당선(5·16 군사쿠데타로 귀향). 이후 부채 청산을 위해 성인소주 공장의 지분 50%를 매각.
1967년	성인소주의 나머지 50% 지분 매각. 사동양조장 인수.
1969년	경찰의 날에 내무부장관 표창 받음.
1970년~73년	울릉수협 총대 2기 연임. 공화당 울릉군 남면 사동 관리장.
1974년 2월 6일	연행.
1981년 4월 19일	7년 형을 마치고 전주교도소에서 출소.
1981년 7월	울릉도에 귀향. 부모님 묘소 참배. 배 구입 후 고기잡이 시작.
1981년 10월	대구로 나와 장녀 결혼식 치른 후 제철공장 야간 경비로 취직.
1986년 3월	작은 횟집을 차렸으나 폐업.
1986년 8월	버스회사에 야간 경비로 취직.
1991년 11월	경북 경산시에서 염소를 키우다 처분.
1994년	출소 후 두 번째로 울릉도로 들어감. 낚싯배를 사고 고기잡이를 시작했으나 성과를 얻지 못하고 대구로 돌아옴.
2001년	출소 후 세 번째로 울릉도로 들어감. 낚싯배를 사고 고기잡이를 시작했으나 역시 성과를 얻지 못하고 다시 대구로 돌아옴.
2012년 현재	장남과 함께 경북 경산시에 거주.

배웅글

낯선 진실

우리 주위에는 낯선 진실이 많습니다. 우리가 알려고 노력하지도 않고, 받아들이려 하지도 않는 진실들입니다. 아름답지 않고 추하고, 편안하지 않고 불편하고, 기쁘지 않고 슬픈 진실들입니다. 아픈 진실들입니다. 그런 탓에 더 멀리하고 외면한 진실들입니다. 믿고 싶지 않은 진실들입니다. 그 진실을 품고 있어 역사가 된 이름들이 있습니다. 박정희 군사정권 시대에 새겨진 장준하, 최종길, 전태일, 인혁당, 민청학련 등의 이름에서부터 최근 우리 사회를 뜨겁게 달구었던, 지금은 철거된 용산참사 현장이었던 남일당, 제주 강정, 23명의 꽃 같은 생명을 앗아간 쌍용자동차에 이르기까지 일일이 헤아릴 수도 없습니다. 우리 사회를 뜨겁게 달구었던 이름들이었지만, 이 이름들이 품고 있는 진실들은 여전히 우리 사회에서는 받아들여지지 않는 낯선 진실들일 뿐입니다.

그 낯선 진실들의 한 귀퉁이에 울릉도간첩단사건이 있습니다. 울릉도간첩단사건은 사실 '낯선 진실'이라는 말도 어울리지 않습니다. '묻힌 진실'입니다. 유신정권의 폭압적 통치 속에서도 민주화의 불길이 꺼지지 않고 끊임없이 타오르자 박정희 군사정권은 1974년 들어 긴급조치를 발동합니다. 긴급조치 시대의 서막을 연 대규모 사건이 바로 울릉도간첩단사건입니다. 47명이 체포되었고 3명이 사형을 당했습니다. 그러나 이 사건은 인혁당과는 달리 거의 알려지지 않았습니다. 역사 속에 묻힌 사건이 되었습니다.

제가 울릉도간첩단사건의 당사자들이었던 몇몇 선생님들을 처음 뵌 것은 2010년 10월, 인권의학연구소에서 진행하는 트라우마 치유 모임에서였습니다. 저 역시 이 모임에서 선생님들을 뵙기 전까지는 울릉도간첩단사건이라는 이름만 알고 있었을 뿐, 단 한 번도 진지하게 생각하거나 마음에 담아둔 적이 없었습니다. 하지만 모임에 참여하며 선생님들의 지나온 삶의 이야기를 나누는 동안 이분들이 살아온 이야기들을 사람들에게 전해야겠다는 생각이 들었습니다. 국가폭력에 의해 완전히 망가져버린 그분들의 삶과 살아가는 모습들을 있는 그대로 전하고 싶었습니다. 우리의 바로 곁에서 일어났고, 어쩌면 지금도 일어나고 있을지도 모르는 삶의 모습들입니다.

이들은 모두 사람으로서는 견딜 수 없는 고문을 받았습니다. 저는 이러한 고문을 견딜 수 있는 사람들이 있다고 믿지 않습니다. 이들은 고문에 의해 간첩이 되었습니다. 사형을 받고, 10년, 17년을 감옥에 갇혀 있었습니다. 출소한 후에도 보안관찰이라는 이름으로 자유롭지 못한 삶을 살았습니다. 누구도 이들의 삶을 빼앗을 권리는 없습니다. 국가도 그렇습니다. 국가는 국민을 보호할 의무는 있지만 국민을 해칠 권리는 없습니다. 그것도 고문이라는 가장 반인륜적 방법으로 말입니다. 이들이 받은 고문이 가장 악랄한 이유는 고문의 목적이 사실이나 진실을 알기 위한 것이 아니었기 때문입니다. 사실이 아닌 어떤 것이나 진실이 아닌 어떤 것을 받아들이게 하기 위한 것도 아니었기 때문입니다. 그들이 행한 고문의 목적은 고문받는 자의 영혼을 무너뜨리는 것이었습니다. 다시는 일어설 수 없도록 완전히 굴복시키는 것이었습니다. 인간의 존엄성이나 역사적 인간으로서의 자각 따위는 다시는 생각하지 못하도록 하는 것이었습니다. 사실을 말하거나 진실을 지키려고 하는 생각 따위는 생각할 수도 없게 만드는 것이었습니다. 견딜 수 없는 폭력에 절로 짐승의 소리로 울부짖는 자신을 보며 굴욕감을 느끼고, 고문에 못 이겨 사실 아닌 어떤 것을 사실로 받아들이고, 진실 아닌 어떤 것을 진실로 받아들이는 자신의 모습에 수치심을 갖게 함으로서 다시는 일어서지 못하도록 완전히 망가뜨리는 것입니다.

그러한 폭력과 고문이 진행되는 동안 우리는 외면하였습니다. 알려고도 하지 않고, 받아들이려 하지도 않았습니다. '진실이 저기 있다!'고 외치지도 않았습니다. 냉담하고 침묵하였습니다. 덴마크의 시인 할프단 라스무센의 「나를 두렵게 하는 것은」이라는 시는 우리들의 이야기이기도 합니다.

나를 두렵게 하는 것은 고문 가해자도
다시 일어설 수 없는 몸도 아니다

죽음을 가져오는 라이플의 총신도
벽에 드리운 그림자도
땅거미 지는 저녁도 아니다

희미하게 빛나는
고통의 별들이 무수히 달려들 때

나를 두렵게 하는 것은
무자비하고 무감각한 세상 사람들의
눈먼 냉담함이다

    이 책을 내기까지 감사할 분들이 참으로 많습니다. 다시 생각하기도 힘들었을 지난 이야기들을 풀어놓으신 선생님들께 감사합니다. 또 진실화해위원회에서 조사관으로 활동하셨고 여러 차례 자문 등의 도움을 주셨던 변상철, 임채도 선생님께도 감사합니다. 아울러 이화영 소장을 비롯한 인권의학연구소 분들, 치유 모임을 이끌었던 최현정 선생님, 긴 여정 함께하며 사진을 찍어주신 오재원 선생님께도 감사한 마음입니다. 또한 부족하기 그지없는 글에 추천사를 써주신 함세웅 신부님, 한홍구 교수님께도 깊은 감사의 말씀을 드립니다.

  이 책의 글들은 울릉도 사건을 몸으로 견뎌낸 여덟 분 선생님들의 삶의 기록입니다. 그런 의미에서 보면 이 글들은 모두 선생님들의 글이지 저의 글이 아닙니다.

  이 책의 글들이 선생님들의 삶에 조금이라도 누가 되지 않기를 바라는 마음입니다.

2012년 11월 20일
한강변에서
최창남 두 손 모아